AF364043

L'Abbé

Charles Perraud

PAR

AUGUSTIN LARGENT

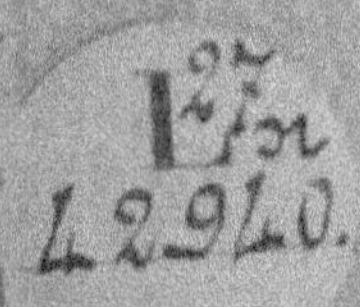

L'ABBÉ

CHARLES PERRAUD

L'ABBÉ

CHARLES PERRAUD

PAR

AUGUSTIN LARGENT

PRÊTRE DE L'ORATOIRE

PROFESSEUR D'HISTOIRE ECCLÉSIASTIQUE À LA FACULTÉ

DE THÉOLOGIE DE PARIS

PARIS

ANCIENNE MAISON CH. DOUNIOL

H. CHAPELLIEZ ET Cⁱᵉ, LIBRAIRES-ÉDITEURS

29, RUE DE TOURNON, 29

1895

Ce n'est pas sans une inquiétude douloureuse que j'ai commencé d'écrire cette notice consacrée à la mémoire de l'abbé Charles Perraud. Les études, les conférences qui ont précédé mon modeste travail, avaient bien sans doute de quoi m'effrayer. Certes, l'ami et le familier de Mgr Perraud, le prêtre qui depuis vingt ans partage avec lui la solitude sévère de l'évêché d'Autun, et qui n'en sort que pour porter dans la chaire une parole où respire l'esprit chrétien et sacerdotal, M. l'abbé Planus, a excellé à retracer les derniers jours de l'abbé Charles Perraud[1]. A Saint-Ambroise, M. l'abbé Lacroix[2], M. l'abbé Mugnier, dans la chapelle des Frères hospitaliers de Saint-Jean de Dieu[3], ont parlé avec une pénétrante éloquence du prêtre qu'ils avaient connu

1. *La mort et les funérailles de M. l'abbé Charles Perraud. — Allocution prononcée au service funèbre pour l'âme de l'abbé Charles Perraud, dans la cathédrale d'Autun*, le 24 février 1892, par M. l'abbé Planus, vicaire général.

2. *M. l'abbé Charles Perraud et ses œuvres*, conférence faite en l'église de Saint-Ambroise, le 19 mars 1892, par l'abbé L. Lacroix, docteur ès lettres, aumônier du lycée Michelet.

3. *Allocution prononcée au service célébré pour le premier anniversaire de la mort de l'abbé Charles Perraud, dans la chapelle des Frères hospitaliers de Saint-Jean de Dieu*, le mercredi 18 janvier 1893, par M. l'abbé Mugnier.

et aimé. Un ami de Mgr Dupanloup s'est plu surtout à montrer dans Charles Perraud un des prédicateurs contemporains qui ont fait de l'Évangile l'usage le plus continuel, le plus utile, le plus opportun [1]. *Je savais que je dirais moins bien qu'eux, et j'avais le tort ou le malheur de venir le dernier. En outre, j'avais pour m'inquiéter un autre motif d'ordre plus intime. Je redoutais de mal choisir dans cette vie si pleine, et de manquer l'effigie que je rêve depuis longtemps d'offrir aux regards de tant d'amis qui se souviennent et qui regrettent. J'ai hésité et j'ai différé. Seuls, des appels qui étaient presque des ordres, et aussi le désir de satisfaire mon amitié et d'alléger ma douleur, m'ont décidé à entreprendre une œuvre où ne revivra qu'à demi l'âme généreuse et tendre qui nous a quittés.*

1. *L'abbé Charles Perraud*, par M. l'abbé Chapon (aujourd'hui vicaire général de Nantes).

L'ABBÉ CHARLES PERRAUD

I

Charles-Alexis Perraud naquit le 13 janvier 1831, à Bayonne, où son père était alors en garnison. Le capitaine Perraud, qui avait débuté simple soldat à Waterloo, appartenait par ses origines à la Franche-Comté; Mme Perraud était fille d'un président de chambre à la cour royale de Bourges.

Bien des années après cette date du 13 janvier 1831, Henri Perreyve, à la veille de visiter la ville natale de son ami, écrivait à Charles Perraud : « Je penserai à toi à Bayonne, j'ai rêvé de faire toucher quelque chose, un chapelet ou une médaille, à l'eau des fonts baptismaux où tu as reçu la première investiture chrétienne[1]. »

L'enfance de Charles Perraud s'écoula à Versailles, puis à Paris, où les exigences du service avaient appelé son père. L'éducation fut virile,

[1]. *Lettres à un ami d'enfance* (Pau, 29 mars 1852). « Après beaucoup d'étonnement et un peu de résistance, dit l'abbé Perraud, éditeur de ces *Lettres*, le curé de Saint-André de Bayonne consentit à faire tremper lui-même dans l'eau des fonts baptismaux un chapelet conservé précieusement encore aujourd'hui. »

— pouvait-elle ne l'être point, donnée par un soldat ? — elle fut tendre aussi ; Charles Perraud se plaisait à en évoquer les souvenirs, à rappeler, à montrer, au besoin, les premiers livres qui l'avaient charmé. Ces livres, il ne les garda pas tous jusqu'à la fin. Il se dépouilla, en faveur des orphelins de la rue Lecourbe, de la collection du *Journal des Enfants* : recueil qui a ravi ma génération, et que je n'ai jamais rouvert sans qu'un monde enchanté surgît à mes yeux et *ensoleillât* même les réalités les plus sombres. Le tort de ce recueil, où tant de talent a été dépensé pour instruire et pour égayer les enfants, c'est que le christianisme y tient trop peu de place.

Grâce à Dieu, Charles Perraud eut toujours mieux que des livres pour lui rappeler son enfance. A son foyer, un frère l'avait précédé, et ce frère, revêtu avant lui du sacerdoce, honoré ensuite de l'épiscopat, après avoir été le compagnon de sa vie, devait un jour l'aider à mourir. D'autres amis que ce frère bien-aimé lui furent aussi donnés. Au catéchisme de Saint-Sulpice, au collége royal Saint-Louis, il rencontra des condisciples qui lui furent chers jusqu'à la fin : M. l'abbé Eugène Bernard, mort curé de Saint-Jacques du Haut-Pas[2], et cet Henri

1. Le 18 septembre 1893.

Perreyve, au cœur duquel son cœur s'attacha de bonne heure, et qui n'apparaît plus à nos souvenirs que comme le David d'un autre Jonathas. Les humanités achevées, Charles Perraud fit son droit avec Henri Perreyve. C'est le 17 novembre 1852 que Charles Perraud soutint sa thèse de licence, qui traitait de la prescription.

Sans trop mettre en doute le sérieux de leurs études juridiques, j'affirmerai que d'autres sujets préoccupaient ces jeunes intelligences. Les lettres d'Henri Perreyve à son ami nous le montrent tel qu'il était en 1850, 1851, 1852; elles nous révèlent et sa foi profonde, et aussi, dans l'ordre politique et social, ses convictions, ses espérances, ses colères. Adolescent en 1848, Henri Perreyve aurait voulu que la France tirât l'épée pour les nations opprimées, pour la Pologne surtout; au lendemain du 2 décembre, il s'indignait du succès du coup d'État, et rêvait même d'une protestation dont la sagesse du P. Lacordaire le dissuada. Les réponses de Charles Perraud nous manquent, et le dialogue qui s'échangeait entre les deux amis n'est plus qu'un monologue, car l'un des correspondants a lui-même détruit ses lettres, qui lui furent rendues après la mort d'Henri Perreyve. Je le dirai en passant, Charles Perraud était de

tous les hommes le moins collectionneur peut-
être. Sans doute, il conservait avec soin les
lettres de ses proches et de ses amis les plus
chers, et aussi certains documents d'une valeur
exceptionnelle; mais pour tout le reste, et en
particulier pour ses propres écrits, il était impitoyable. Je l'entends encore me dire, au milieu
des embarras d'un déménagement de livres et
de papiers : « Décidément, les incendies ont du
bon. »

Néanmoins, bien que nous n'ayons pas les
réponses de Charles Perraud aux lettres
d'Henri Perreyve, il est aisé de reconnaître, au
ton même et à l'accent des répliques, que les
deux cœurs battaient à l'unisson. Ce qui les
unissait encore plus que la communauté des
opinions politiques, c'étaient les mêmes aspirations au sacerdoce.

« Un jour, a écrit Charles Perraud dans son
dernier livre, à l'entrée même de la jeunesse,
sans hésitation, que dis-je ? avec le plus con-
fiant enthousiasme, on sacrifie tous les bonheurs
et toutes les espérances terrestres pour annoncer l'Évangile, pour convertir et pour sauver
les âmes. Ce n'est pas sur sa vertu ni sur son
éloquence personnelle que compte le nouvel et
ardent apôtre, mais sur le charme divin de la
doctrine du Christ, sur l'attrait surnaturel de

ses promesses, sur l'éblouissante lumière de ses révélations.

« L'Évangile ne renferme-t-il pas toute vérité, toute vertu, toute espérance, toute consolation ? N'a-t-il pas le secret du progrès et de la prospérité terrestre, en même temps qu'il nous ouvre les perspectives du ciel et qu'il nous aide à monter vers Dieu[1] ? »

Ce discret et charmant retour que Charles Perraud vieillissant faisait sur son passé, nous découvre les généreux désirs, les ambitions apostoliques qui enflammèrent l'adolescence et la jeunesse des deux amis. Chez l'un et chez l'autre cependant, la vocation sacerdotale ne paraît pas être née à la même heure. Henri Perreyve entendit l'appel divin au jour de sa première communion ; dans l'âme de Charles, le désir du sacerdoce s'éveilla plus tard. « L'année qui s'achève, écrivait Charles Perraud à son frère, alors professeur au lycée d'Angers, le 14 novembre 1850, est pour moi une source de fréquentes méditations. Ce sera certainement une des plus extraordinaires de ma vie. » Et, après avoir énuméré diverses épreuves, « De tant d'événements, ajoute-t-il, j'ai omis le seul heureux, celui qui, seul, devrait me consoler

1. *Méditations sur les sept paroles de Notre-Seigneur Jésus-Christ en croix.* V° Méditation (*La soif des âmes,* p. 147).

de tout le reste, c'est-à-dire cette vocation que Dieu m'a fait la grâce de m'inspirer, et en laquelle je mets mon espérance, alors même que ma lâcheté se rebute le plus de tant de sacrifices à accomplir.... Tout homme reculerait effrayé devant une pareille entreprise, s'il comptait sur ses propres forces. Il faut seulement, lorsqu'on croit être appelé de Dieu, travailler à se rendre digne, et confier tout le reste à sa bonté toute puissante. » Désormais, ravi par l'idéal austère et sublime qui lui a été montré, il redira sans cesse, sous des formes variées, l'*Introibo ad altare Dei*, et il désirera que son ami, menacé par le mal inexorable qui devait l'emporter, puisse aussi prononcer un jour la grande parole. « C'est demain une bien grande fête (la solennité de la Fête-Dieu), écrivait-il le 20 juin 1851. Je redemanderai à Dieu, avec plus d'instance que jamais, le bonheur de voir mon cher Henri monter à cet autel qui fait notre vie, et où nous trouvons un refuge. Ce serait une telle joie pour moi de le voir prêtre, de le savoir saint.... »

Dans ses premières aspirations au sacerdoce, Charles Perraud avait embrassé du regard les diverses fonctions ecclésiastiques, sans en exclure, sans en préférer positivement aucune. « Il y a bien des ministères différents, écrivait-il le 16 mai 1851, depuis le théologien qui compose des livres profonds, jusqu'au curé de campagne ; depuis l'aumônier qui accompagne les condamnés sur l'échafaud, jusqu'au prêtre qui enseigne le catéchisme à de petits enfants. De toutes ces œuvres, laquelle ferai-je ? Je tâche de m'en rapporter à Dieu. De ces ministères si différents, il n'en est pas un seul qui soit supérieur aux autres, quand on les accomplit avec un égal dévouement. J'ai confiance que Dieu saura tirer de moi le meilleur parti possible.

« Aurai-je le talent de parler ou d'écrire, ou bien n'aurai-je ni l'un ni l'autre ? Défendrai-je la vérité contre les savants et les philosophes, ou bien chercherai-je des âmes à gagner parmi les humbles et les petits, dans l'obscurité du confessionnal ? Je n'en sais absolument rien. Je comprends la sublimité de toutes ces œuvres, puisque le prêtre y est toujours le ministre de Jésus-Christ…. Je crois donc que la seule chose à faire pour moi, c'est de me préparer le plus d'armes que je pourrai par l'intelligence et surtout par la vertu, et de m'avancer avec confiance, attendant l'inspiration nouvelle que Dieu m'enverra quand il en sera temps. »

Les attraits cependant comme les aptitudes se dessinèrent, et il parut bien que Charles

Perraud se déciderait pour la vie religieuse. Admirateur du P. Lacordaire, dont il suivait avec enthousiasme les conférences[1], épris du grand Ordre dominicain où il compta toujours des amis, — entre autres le P. Bourard, d'une si belle humeur durant la vie, d'un si calme courage devant la mort, — Charles Perraud ne semblait-il pas prédestiné à revêtir le froc blanc des Frères Prêcheurs ? Ce ne sont pas les austérités du cloître qui l'eussent arrêté. Il se confessait à Lacordaire, et, de son guide, il avait appris à mettre très haut, avec la chasteté dont l'inviolable pratique était exigée par le Père comme la condition essentielle de sa direction, la pénitence, cette gardienne de la chasteté. Charles Perraud avait résolument abordé le rude sentier des expiations volontaires. Il savait que, dans cette voie sanglante, il rencontrerait son Dieu flagellé, et pour s'unir plus sûrement à lui, il armait sa main de la discipline et recouvrait du cilice ses épaules. Il était digne d'entendre la question que le P. Lacordaire lui adressait un jour : « Mon enfant, ne voudriez-

---

1. Charles Perraud me racontait qu'en 1851, au sortir de la fameuse conférence du P. Lacordaire sur *les résultats du gouvernement divin*, il avait entendu un des auditeurs s'écrier : « Luther a ainsi commencé. » Le pauvre homme se montrait aussi mauvais prophète que mauvais historien.

vous pas être jeté, pour l'amour de Jésus-Christ, dans une fosse pleine de serpents ? » Si Charles Perraud, aguerri sous la conduite d'un tel maître, enflammé par sa parole ardente, n'a pas demandé une cellule au noviciat de Flavigny, c'est sans doute que l'Esprit, qui souffle où il veut, le poussait ailleurs.

Il le poussait là où le futur évêque d'Autun avait abordé déjà. La vocation sacerdotale s'était éveillée presque en même temps chez les deux frères. « Tes amis de l'École normale, écrivait Charles à son aîné, le 17 mai 1851, ont cru pouvoir me parler avant toi de la grande pensée qui a surgi aussi dans ton cœur. J'en remercie Dieu plus que jamais en ce moment, mon cher ami. Dieu semble nous rapprocher de toutes façons par les chagrins et par les espérances. Quelle consolation ce serait pour nous que la certitude de combattre et de souffrir dans les mêmes rangs ! » Or, Adolphe Perraud était entré à l'Oratoire relevé, et le jour de la Toussaint, 1er novembre 1852, il avait revêtu sa première soutane, qui fut bénite par le P. Gratry. C'est du côté de son frère et du côté de la rue de Calais, où s'était installée d'abord la Congrégation renaissante, que Charles Perraud regardait. Ce ne fut point là cependant qu'il s'établit, lorsque, le 1er novembre

1853, il rejoignait son frère ; à cette date, l'Oratoire avait quitté la rue de Calais, et semblait fixé pour toujours dans la paisible maison de la rue du Regard, si favorable à la prière et à l'étude. Son ami Henri Perreyve y entrait avec lui.

II

J'ai su, de Charles Perraud lui-même, la douleur que ressentirent son père et sa mère. M. et Mme Perraud s'étaient résignés, non sans un généreux effort, à la vocation de leur fils aîné ; mais la démarche de leur second fils les accabla ; elle laissait un nouveau vide à leur foyer, et à leur âme un regret qui semblait ne pouvoir être consolé. Il l'a été cependant ; pour eux, comme pour tant d'autres, la promesse de l'Écriture s'est accomplie, et l'un et l'autre a pu dire à Dieu : *Secundum multitudinem dolorum meorum in corde meo, consolationes tuæ lætificaverunt animam meam* ; « Vos consolations qui ont réjoui mon âme se sont proportionnées aux douleurs qui l'avaient navrée [1]. » Témoins de la joie surnaturelle et des premiers succès de leurs deux fils, M. et Mme Perraud ont goûté les fruits du sacrifice auquel ils avaient consenti.

1. Ps. xciii, 19.

Mais c'est M. Perraud qui en a recueilli la meilleure part. Longtemps étranger à la pratique de la religion, il se convertit sous la bienfaisante influence de ses enfants ; converti, il se livra assez à l'esprit chrétien pour en accepter les délicates exigences et pour aller au-devant de la souffrance volontaire. Une lettre de l'abbé Perreyve [1] nous apprend qu'obligé de subir une opération douloureuse, le fervent vieillard refusa de se laisser chloroformer : il voulait souffrir pour expier ses péchés.

Je me suis attardé au foyer de M. et de Mme Perraud ; il est temps que je regagne un autre foyer, celui où Charles avait pris place à côté de son frère. Le P. Gratry a tracé une peinture vraie et charmante [2] de la jeune Congrégation, qui réalisait à ses yeux l'idéal rêvé par sa jeunesse : « une cité dont tous les habitants s'aimaient [3] ». J'ai dit ailleurs la pensée qui avait assemblé les premiers membres de l'Oratoire, et les ardeurs enthousiastes qui les animaient. « Le besoin d'échapper aux tristesses de l'isolement, et de s'unir pour la défense de la vérité et la conquête des âmes, avait naguère donné des disciples à l'abbé

1. *Lettres à un ami d'enfance* (2 août 1856).
2. P. Gratry : *Henri Perreyve, Organisation de la vie*, II.
3. P. Gratry : *Souvenirs de ma jeunesse*, XIV.

Bautain ; auparavant, sous les ombrages de la Chênaie, il avait groupé autour de La Mennais, orthodoxe encore, des chrétiens capables d'abandonner tout pour leur cause, même le maître qui allait la trahir. Mais le type de l'association fraternelle et pieuse est ailleurs qu'à Strasbourg et à la Chênaie ; il est à Cassiciacum, dans cette campagne où Augustin converti s'exerçait à la vie chrétienne avec ses amis et ses proches, et les encourageait à des entretiens dont il était à la fois l'inspirateur et le guide. L'Oratoire à sa renaissance, n'était-ce pas un Cassiciacum, transporté, je le veux, des environs de Milan à la rue du Regard[1] ? »

C'est dans ce *Cassiciacum* que Charles Perraud se prépara au sacerdoce. Il y rencontrait pour maîtres les hommes les plus rares. La théologie lui fut enseignée par un professeur dont, après le P. Gratry, je n'essayerai pas de refaire le portrait : « humble prêtre dont la virginale et timide modestie ne permettra jamais que le nom soit connu[2] ; sachant tout, et tra-

---

[1]. Lettre-préface en tête des *Allocutions pour les jeunes gens*, par Paul Lallemand, prêtre de l'Oratoire, docteur ès lettres, Nouvelle série, 1889.

[2]. La mort me donne une liberté que le P. Gratry n'osait pas prendre. Ce professeur était M. l'abbé René Gillet, qui, après avoir enseigné au grand séminaire de la Rochelle, et avoir été vicaire général de Mgr Pallu du Parc, évêque de

vaillant toujours ; ayant pour monde unique sa cellule, et n'en sortant jamais ; ne connaissant sur la terre que ses livres et son crucifix, et notre Père céleste qui est dans le secret, *Pater qui est in abscondito ;* malgré sa science immense, sa mémoire prodigieuse de tous les faits et de tous les textes, n'ayant jamais, à son avis, assez de temps pour préparer la plus petite leçon aux cinq ou six jeunes hommes qui constituent son auditoire, et qui gardent encore aujourd'hui, comme un trésor théologique auquel ils ont encore à peine touché, les cahiers de leur professeur [1]. »

Charles Perraud fut un élève attentif et studieux de l'abbé Gillet ; il l'admirait et aimait à dire que quiconque avait suivi les leçons,

Blois, consentit à initier aux études de théologie la première génération des scolastiques de l'Oratoire. L'obscurité volontaire dans laquelle il cachait sa vie, ne put le dérober entièrement à la renommée. Il était consulté souvent par les évêques, par les théologiens, par d'éminents laïques ; et, en 1867, il fut désigné par Pie IX comme l'un des théologiens chargés de préparer les travaux du concile du Vatican. Par humilité, par timidité aussi, M. Gillet déclina l'offre pontificale. « Toutefois, par une faveur insigne et peut-être unique, il fut initié à tous les secrets des délibérations conciliaires. » (*Un professeur de théologie. M. l'abbé René Gillet.*) V. aussi quelques détails sur l'abbé Gillet dans les *Lettres d'Henri Perreyve à un ami d'enfance* (31 juillet 1855).

1. *Henri Perreyve. Organisation de la vie,* VI.

étudié les traités de ce professeur, ne pouvait, eût-il eu le malheur de perdre la foi, taxer d'absurdité la dogmatique chrétienne. Toutefois, c'était vers un autre maître que se tournaient de préférence ses ardentes sympathies et son admiration enthousiaste. Le plus illustre demeurant de ces jours heureux, dans des pages d'une émotion sobre et éloquente, a retracé le caractère original et éminemment suggestif des leçons, ou plutôt des entretiens du P. Gratry. « Dans ce commerce intime des esprits et des cœurs, dit l'évêque d'Autun, notre maître devenait un père pour nous, un vrai père qui nous faisait vivre de la vie de son intelligence, et nous associait à ses travaux, non comme ses ouvriers et ses serviteurs, mais comme ses enfants [1]. »

Plus tard, aux aînés de la famille oratorienne s'adjoignirent de nouveaux venus. Je nommerai seulement Anatole de la Bastie, esprit pénétrant, hardi, presque encyclopédique, à propos duquel le P. Gratry écrivait le nom de Pascal [2], et Jules Magnier, qui, doué de dons moins

1. *Le P. Gratry, ses derniers jours, etc.*, par le P. Adolphe Perraud, ii (p. 29).

2. « Il y a (dans les Fragments du P. de la Bastie) des pensées qui m'ont fait l'effet de pensées de Pascal. » (Lettre du P. Gratry au P. Largent, 3 novembre 1867, dans la *Notice sur le P. Magnier.* Paris, Douniol, 1875.)

variés et d'une curiosité moins vaste, était, par les aptitudes philosophiques et par l'élévation de l'âme, l'égal du P. de la Bastie. Mais aussi, hélas ! des dispersions se produisirent et entamèrent de bonne heure ce que l'évêque d'Autun nomme « la compacte unité du groupe primitif ». Dès le printemps de 1855, Henri Perreyve avait été contraint par une maladie impitoyable de quitter, pour la seconde fois et définitivement, la Congrégation qui, jusqu'à la fin, garda une si grande part de son cœur. Charles Perraud demeurait, à l'Oratoire, privé du compagnon avec lequel il y était entré ; il se préparait seul au sacerdoce ; et c'est au loin, sous des cieux plus cléments, que sa tendresse inquiète cherchait l'ami qui s'en était allé. La pensée d'Henri Perreyve ne se détachait pas non plus de Charles Perraud. Des rivages de Provence, l'abbé Perreyve adressait au frère qui allait le devancer à l'autel, des lettres où s'épanchent la joie, l'étonnement, la reconnaissance et l'amour[1].

Le samedi 19 décembre 1857, Charles Perraud reçut à Saint-Sulpice le sacerdoce, des mains du cardinal Morlot, archevêque de Paris ; le lendemain, 20 décembre, il célébra sa pre-

___

1. *Lettres à un ami d'enfance* (8 décembre et 13 décembre 1857).

2.

mière messe dans la chapelle de la rue du Regard, assisté par son frère, entouré de son père, de sa mère, d'une couronne d'amis. Dès le 18 décembre, Henri Perreyve lui avait écrit d'Hyères cette lettre dont les phrases se déroulent comme des stances harmonieuses et toutes frémissantes :

« QUE LE SEIGNEUR SOIT AVEC TOI !

« C'est la parole sacramentelle du diacre, la seule que j'aie le droit de t'adresser, mon bon ami et frère, devant les saints autels.

« Je te l'adresse du moins dans toute la plénitude de mon cœur, et dans toute la profondeur que comportent ces saintes paroles.

« Oui, que le Seigneur soit avec toi, cher frère ! Avec toi ce matin, à l'autel de ta première messe, pour accepter tes promesses nuptiales, et répondre à tes serments immortels par cette réciprocité d'amour qui dépasse tout amour !

« Avec toi pendant tout ce grand jour, pour maintenir en ton âme le parfum du céleste encens, et l'odeur du sacrifice qui a commencé, mais qui, Dieu merci, n'a point de fin.

« Avec toi demain, pour te faire sentir que les joies du Seigneur ont quelque chose de la perpétuité future, et qu'à la différence des joies de la terre, on peut les goûter toujours sans les épuiser jamais !

« Avec toi bientôt, quand après les ivresses sacrées, tu sentiras qu'il s'agit d'être prêtre pour les hommes, et que tu descendras du Thabor pour aller à ceux qui souffrent, à ceux qui ignorent, à ceux qui ont faim et soif de la vraie lumière et de la vraie vie !

« Avec toi dans tes chagrins pour te consoler ! Avec toi dans tes joies pour les sanctifier ! Avec toi dans tes désirs pour les rendre féconds. *Memor sit omnis sacrificii tui, et holocaustum tuum pingue fiat !*

« Avec toi, mon Charles, si tu es seul dans la vie ; si notre amitié t'est ravie bientôt, si tu dois ne marcher qu'appuyé sur le bras du divin ami !

« Avec toi jeune prêtre, avec toi vieilli dans les luttes du sacerdoce et dans le service de Dieu et des hommes ! Avec toi le jour de ta mort, qui ramènera sur tes lèvres, par la main d'un autre, ce même Jésus qui vient d'y être porté par tes mains tremblantes !

« O ami, je réunis tout ce que mon cœur peut contenir de désirs heureux, de vœux, d'espérances ; je réunis tout cela dans un seul vœu : *Que le Seigneur soit avec toi toujours !* Ce sera, ici-bas, la vie d'un saint prêtre ; un jour, ce sera le ciel.

« Que le Seigneur soit avec toi toujours !

« Mon Charles, bénis-moi ! Je t'embrasse tendrement, et me sens avec toi pressé contre le cœur du divin Maître à jamais bien-aimé. »

Puis, le jour de la première messe, il lui écrit encore : il avoue la tristesse sous laquelle son âme a défailli, en songeant qu'il n'était point au pied de l'autel où montait son ami.

« Adieu, Charles, disait-il en finissant. Adieu, je t'embrasse encore au déclin de ce grand jour que j'ai passé tout entier à prier Dieu pour toi[1]. »

Ce jour solennel entre tous s'acheva ; et peu de temps après, comme rançon peut-être des allégresses qui l'avaient enivré, le nouveau prêtre éprouva une grande douleur : le 25 février 1858, il perdit son père. « La mort explique bien des choses, écrivait Henri Perreyve à son ami. Elle expliquerait, Charles, s'il en était besoin pour faire disparaître un regret de nos cœurs, pourquoi tu as été ordonné prêtre à Noël dernier plutôt que moi. Il fallait, oui, il fallait qu'il te vît consacrer le corps et le sang de Jésus-Christ, et qu'en paraissant devant Dieu il pût lui dire : J'ai vu mes deux fils à l'autel, et je me suis réjoui, Seigneur, plus que je n'avais pleuré[2]. »

1. *Lettres à un ami d'enfance* (20 décembre 1857).
2. *Lettres à un ami d'enfance* (27 février 1858).

Charles Perraud, si fidèle à la religion des souvenirs, n'oublia jamais la date de cette douloureuse séparation ; et trente et un ans plus tard, le 25 février 1889, il écrivait : « Aujourd'hui est l'anniversaire de la mort de mon très cher et très excellent père. Il serait grand temps de se retrouver pour ne plus se quitter jamais. »

Il espérait la réunion, et il avait le droit d'espérer. Dès le lendemain de cette mort, il avait puisé dans le souvenir de la fervente vieillesse de son père, dans sa foi ardente à l'efficacité du sacrifice eucharistique, de sûrs motifs de consolation. D'ailleurs, la préparation immédiate à l'action par la parole, allait le saisir tout entier.

Dirai-je que ses premiers essais dans la prédication firent craindre qu'il n'y réussît jamais ? Pareille mésaventure était arrivée jadis à Lacordaire[1]. D'après Ledieu, Bossuet avait sévèrement jugé les premiers sermons de Mas-

1. « Se sentant né pour la parole, il (Lacordaire) dut naturellement, comme tout prêtre ordinaire, essayer de la prédication. Il prêcha pour la première fois à Saint-Roch, dans cette même église où dix-neuf ans plus tard* devaient retentir les derniers et foudroyants accents de sa voix à Paris. C'était au printemps de 1833. J'y étais avec MM. Ampère, de Corcelles et autres, qui doivent s'en souvenir comme moi. Il échoua complètement, et chacun sortit en se disant : *C'est un homme de talent, mais ce ne sera jamais*

* Vingt ans, le 19 février 1853.

sillon à Versailles[1]. Charles Perraud ne perdit point cœur ; une voix, plus forte que toutes les critiques, le soutenait au dedans ; et, au dehors, une voix amie l'encourageait. « Je suis content, lui écrivait Henri Perreyve, « que tu commences à être maître de toi dans la chaire. Je m'étonne de ton étonnement, après ce qui t'a semblé un premier échec. Moi, qui ne comprends jamais que tant d'honnêtes gens parviennent à porter *honnêtement* la parole publique, parce que j'en sens ou plutôt que j'en pressens les effroyables difficultés, je t'ai au contraire admiré pour être demeuré une demi-heure (en face d'un auditoire glacial) capable de parler. Tu verras que Dieu fera son œuvre en toi[2]. »

III

Oui, Dieu allait faire son œuvre, et c'est par la douleur surtout qu'il voulut l'accomplir. Le

un *prédicateur*. Lui-même le crut. » (Comte de Montalembert, *le Père Lacordaire*, III.)

1. « Son premier discours, qui était contre les libertins, et qu'il avait, dit-il (Bossuet), assez mal amené à l'Évangile, parut faible... M. de Meaux... le jour de la Conception... entendit le nouveau prédicateur. Il en jugea ce que je viens de dire, et, en un mot, que cet orateur était bien éloigné du sublime, et qu'il n'y parviendrait jamais. » (Ledieu, *Mémoires*, t. I, p. 2.)

2. *Lettres à un ami d'enfance* (22 février 1858).

P. Charles Perraud — nous le nommerons désormais ainsi — avait prêché l'Avent de 1859 dans l'église paroissiale de Clamart ; en 1860, il fut chargé, à Saint-Germain des Prés, des *dominicales* qui vont de l'Épiphanie au Carême. C'est là que la maladie le guettait. Averti trop tard, il avait composé, au prix d'un travail excessif, le panégyrique de saint François de Sales qu'il prononça le dimanche 29 janvier ; à partir de ce jour, il ressentit des douleurs névralgiques qui, malgré des soins continus et variés, s'aggravèrent durant dix ans, au bout desquels le courageux lutteur se déclara vaincu.

Au cours des dix années qui séparent 1860 de 1870, nonobstant la fatigue douloureuse que lui coûtaient ses sermons, le P. Charles prêcha beaucoup. Parmi les villes de province qui l'entendirent, je nommerai Nîmes, Arles, Tarascon[1], Grenoble[2], Lyon[3], Rethel[4], La Rochelle[5], Rouen[6], Lorient[7], Le Havre, Orléans[8], Reims[9].

1. Carême de 1862.
2. Avent de 1863 et Carême de 1866.
3. Carême de 1864.
4. Novembre 1864.
5. Carême de 1865 et Avent de 1866.
6. Janvier 1865.
7. Octobre et novembre 1865.
8. Carême de 1867.
9. Carême de 1868.

Partout, il obtint des succès qui furent quelquefois éclatants, et lui valurent la sympathique estime d'hommes tels que Mgr Dupanloup et Mgr Landriot[1]. Est-il nécessaire de le dire? Si ses discours n'eussent dû avoir d'autre résultat que d'exciter dans l'auditoire une fugitive émotion ou une admiration stérile, le P. Charles aurait renoncé à la parole avec dégoût, presque avec horreur. Son but était la conversion ou le progrès spirituel des âmes, et, grâce à Dieu, il l'atteignit souvent. A Paris aussi, Charles Perraud toucha et ravit des auditeurs nombreux[2]. Rappellerai-je ce sermon sur le Sacré Cœur qu'il prêcha à Saint-Thomas d'Aquin le dimanche 14 juillet 1861, et dont l'abbé Perreyve, non sans raison, fut enthousiasmé? Quelques mois après, l'abbé Perreyve saisit au vol une péroraison de son ami, et l'envoya à l'*Ami de la Religion*, où l'on peut la lire à la date du jeudi 5 dé-

1. A la fin du Carême de 1865, Mgr Landriot, alors évêque de la Rochelle, remerciant le prédicateur au nom de son peuple, lui disait : « Je crois à votre parole beaucoup d'avenir, et je lui voudrais un retentissement digne d'elle et de la cause que vous servez. »

2. En 1863, après avoir entendu le P. Charles dans son église, l'archiprêtre de Notre-Dame, M. Charles de Place, — un bon juge, — le chargea de ce message : « Dites de ma part au R. P. Pététot que si vous n'êtes pas encore un orateur consommé, vous êtes plus qu'un orateur qui promet : vous êtes un orateur commencé. »

cembre 1861. Le P. Charles prêchait l'Avent à
Sainte-Clotilde ; et, à la fin de son premier sermon, encore tout ému de la mort récente du
P. Lacordaire, laquelle, dans l'immense douleur
de la France catholique, était pour lui comme
un deuil de famille, alarmé aussi des audaces
de l'impiété et des tentatives persécutrices d'un
pouvoir dont les timidités font sans doute aujourd'hui sourire ceux qui l'ont remplacé, l'orateur s'était écrié :

« Voulez-vous comprendre, mes Frères, par
un illustre exemple mieux que par toutes les
paroles, ce que c'est que travailler à la moisson
de Dieu ?

« Il y a trois jours, nous étions assemblés à
Notre-Dame pour une cérémonie funèbre. Une
des plus grandes âmes que Dieu ait jamais faites
venait de nous quitter. La France, l'Église entière avaient tressailli à l'annonce d'une telle
perte :

« Le P. Lacordaire n'était plus.

« Une ombre avait passé sur les âmes chrétiennes. Cet astre, que Dieu avait placé au fir-
mament de son Église pour refléter sur un
siècle incrédule les resplendissantes lumières
de l'Évangile, ce soleil d'éloquence et de doctrine avait connu son déclin ; il venait de quitter les horizons terrestres pour monter à des

splendeurs plus rapprochées de la splendeur de Dieu.

« Quel spectacle que cette illustre chaire de Notre-Dame, veuve de son grand époux, plus éloquente dans le silence de ses voiles funèbres que tous les discours des hommes et toutes les paroles d'admiration !

« Pour nous, sur ce catafalque, à côté de l'étole sacerdotale et de la robe blanche du moine, il nous semblait voir, comme sur le cercueil des grands capitaines, l'arme avec laquelle il avait si prodigieusement combattu, cette épée mystérieuse de la parole divine, plus pénétrante, comme dit saint Paul, qu'un glaive à double tranchant : *penetrabilior omni gladio ancipiti*[1].

« Ah ! si la France était assez intelligente et assez chrétienne pour comprendre ce qu'elle a perdu, tout le peuple se fût assemblé autour de cette glorieuse tombe, et se fût écrié dans l'excès de sa douleur, comme Israël sur Judas Machabée mort dans le combat : *Quomodo cecidit potens, qui salvum faciebat populum Israël*[2] ? « Comment a pu tomber ce guerrier si fort qui « combattait pour sauver Israël ? » En pensant au redoublement de fureur qui anime en ce mo-

1. Hebr., iv, 12.
2. Macch., ix, 21

ment les ennemis de l'Église, en voyant monter vers les saintes murailles cette armée de l'impiété, qui se recrute dans tous les rangs et à tous les degrés, qui n'a pas seulement des blasphèmes contre la foi, mais des violences contre la charité[1], à qui pour combattre Dieu toutes les armes sont bonnes, nous sentions l'involontaire mouvement de frayeur d'une armée assiégée quand tombe le héros qui la soutenait.

« Mais si la mort d'un grand homme n'a que des tristesses, la mort d'un grand serviteur de Dieu porte en elle des consolations ineffables.

« Ces consolations, Dieu nous les a données au milieu même du deuil et des appareils funèbres.

« Le saint sacrifice était commencé; le diacre chantait l'Évangile, et, à mesure qu'il chantait, nous sentions la joie vaincre en nous la douleur.

« On eût dit qu'au milieu du silence des hommes, Jésus-Christ lui-même daignait faire l'oraison funèbre du courageux apôtre qui avait travaillé pour lui.

« Lève les yeux, mon fils, disait le saint « Évangile, regarde ces plaines immenses; ne « vois-tu pas qu'elles blanchissent déjà pour la

1. Allusion aux mesures prises par M. de Persigny contre les Conférences de Saint-Vincent de Paul.

« moisson ? *Ecce dico vobis, levate oculos ves-*
« *tros, et videte regiones quæ albæ sunt jam ad*
« *messem*[1]. »

« C'était la parole qu'avait entendue le serviteur de Dieu aux jours incertains de sa jeunesse, et qui avait décidé de sa vie ; et ensuite :
« Tu as bien moissonné, bon serviteur ; tu as
« entassé les gerbes dans les demeures de
« l'éternité, viens recevoir ta récompense. *Et*
« *qui metit mercedem accipit, et congregat fruc-*
« *tum in vitam æternam*[2]. »

« O père, ô maître, ô ami, obtenez-nous d'aimer la moisson de Dieu comme vous l'avez
aimée ; de comprendre comme vous à quelles
conditions cette divine moisson peut être abon-
dante en ce siècle, et de tomber à votre exemple sur le sillon où nous aurons versé nos
sueurs et nos larmes pour le salut des âmes et
pour la gloire de Dieu. »

Parmi les sermons prononcés pendant ces
années lointaines, j'en indiquerai deux : *la Po-*
logne martyre (église de l'Assomption, 2 février 1864), et *l'Avenir de la Pologne* (église de
Montmorency, 21 mai 1864). C'était le temps où,
par delà des frontières que l'on croyait à l'abri
de toute injure, nous suivions d'un regard

1. Joan., iv, 35.
2. Joan., iv, 36.

inquiet, dans sa lutte désespérée et dans ses suprêmes détresses, la Pologne, *nation en deuil* qui, selon le mot de Montalembert, était devenue une *nation en flammes*[1]. C'était le temps aussi où, avec Montalembert encore, nous redoutions, pour la France et pour l'Europe, le péril russe, et où nous redisions la prophétie lugubre que, seize ans plus tôt, le grand orateur avait fait entendre à la Chambre des pairs : « Quand la Pologne n'existera plus, quand ses vingt millions de Slaves auront été agrégés, non pas à l'Autriche, non pas à la Prusse, cela est impossible, mais à la Russie, ce qui peut bien arriver, vous verrez ce qui se passera en Europe : l'indépendance de l'Occident tremblera sur sa base, et les destinées de la civilisation seront menacées comme elles ne l'ont pas été depuis les jours d'Attila[2]. » Depuis lors, un adversaire auquel nous ne pensions pas en 1847 et en 1864, a envahi la France; il continue de la menacer, et, oublieux du péril moscovite qu'on nous dénonçait jadis, nous avons tendu à la Russie une main fraternelle. Nous ne regret-

1. *L'Insurrection polonaise*, par le comte de Montalembert. (*Correspondant* du 25 février 1863.)

2. Discours sur *l'indépendance de Cracovie* (21 janvier 1847). Dans les *Œuvres* de M. le comte de Montalembert, t. II, p. 438.

3.

tons pas pour cela les sentiments d'ardente sympathie que nous avions voués à la Pologne ; nous ne cesserons pas de réclamer pour elle au moins la liberté religieuse, et aussi nous appellerons de nos vœux la conversion du grand peuple qui, s'il ne revient à l'unité catholique, ne pourra évangéliser efficacement les vastes contrées qu'il domine ou auxquelles il touche.

J'ai nommé bien des fois déjà l'abbé Perreyve ; la maladie qui l'avait détaché de l'Oratoire, qu'on avait crue un instant vaincue, mais qui n'avait pas désarmé, achevait sur lui son œuvre de mort, et, le 26 juin 1865, l'enlevait à ses amis et à l'Église. Je n'ai pas à dire ici la douleur que sa disparition causa à ses anciens confrères, le vide qu'elle laissa parmi eux. Ces murs eux-mêmes où il avait vécu, cette chambre d'où il avait daté tant de lettres charmantes, d'où il avait si souvent aperçu le dôme de l'église des Carmes, se dressant au bout d'une longue mer de verdure, — la rue de Rennes a depuis lors passé sur ces jardins, — tout à l'Oratoire était plein d'Henri Perreyve, tout semblait l'y rappeler. Que de fois il y était revenu comme un fils qui, établi chez lui, regarde néanmoins toujours le foyer paternel comme le sien propre ! Tous le pleurèrent, mais nul ne le pleura comme Charles Perraud. J'étais à Rome, lors de

la mort d'Henri Perreyve, et je n'eus, si j'ose
ainsi parler, des sanglots qui l'accueillirent
qu'un écho affaibli. « Ai-je besoin de vous dire,
m'écrivait Charles Perraud le 2 juillet 1865, à
quel point j'ai le cœur brisé? Henri Perreyve
était pour moi plus que je ne puis exprimer; sa
vie était mêlée à la mienne.... » De fait, Charles
Perraud ne se consola jamais entièrement. Deux
ans plus tard, en 1867, traversant avec moi le
jardin du Luxembourg, il me disait : « Depuis
la mort d'Henri, il me semble qu'un crêpe me
voile toutes choses. »

Sans mettre ses jours en danger, la névralgie
dont souffrait Charles Perraud s'aggrava, et
finit par lui rendre intolérable la vie commune.
Il cessa en 1867 d'habiter la rue du Regard,
mais pour trouver à quelque distance de là un
autre foyer oratorien. Le P. Gratry l'accueillit
dans son appartement de la rue Barbet-de-Jouy;
et désormais le maître et le disciple vécurent
ensemble. Un autre familier du Père a décrit
« ce beau cabinet de travail.... avec ses larges
horizons, sa vue étendue jusqu'aux coteaux de
Meudon et de Sèvres, la splendide lumière des
soleils couchants qu'on voyait descendre lente-
ment derrière le dôme des Invalides[1].... » Tout

1. *Le P. Gratry, ses derniers jours*, etc., par le P. Adolphe
Perraud, II, p. 87-88.

y sollicitait le nouvel hôte au travail et à la méditation; mais après une lutte de dix ans presque contre la maladie, il était à bout de forces. Nous l'avons vu prêcher à Reims le Carême de 1868; il prêcha à Paris, dans l'église de Saint-Roch, le Carême de 1869, non sans s'être fait remplacer plus d'une fois; en 1870, il ne put même pas ouvrir la station quadragésimale qu'il avait promise à la cathédrale d'Amiens. Un silence de dix ans allait commencer pour lui.

Avant d'entrer dans ce long silence, Charles Perraud avait prononcé à Saint-Roch, au cours du Carême de 1869, un sermon qui lui fut sévèrement reproché [1]. L'adhésion donnée par lui à la *Ligue de la paix*, la part qu'il prit à la séance fameuse où un futur martyr de la Commune, M. Deguerry, avait à ses côtés l'un des représentants les plus décidés du protestantisme libéral, M. Martin-Paschoud, ravivèrent encore les inquiétudes et les critiques. A qui relit, après un quart de siècle, l'*Évangile de paix*, à qui évoque le souvenir lointain des assises d'une ligue dont le canon de 1870 allait étouffer les réclamations pacifiques, ces cri-

1. *L'Évangile de paix.* Discours prononcé dans l'église Saint-Roch, le 24 mars 1869, par Charles Perraud, prêtre de l'Oratoire.

tiques et ces inquiétudes paraîtront sans doute
excessives. Dans son sermon de Saint-Roch, le
P. Charles Perraud prenait à partie l'auteur
des *Soirées de Saint-Pétersbourg*, qui a pro-
clamé la nécessité providentielle et le caractère
divin de la guerre ; il montrait dans l'établisse-
ment d'une paix permanente le but auquel les
peuples chrétiens doivent tendre et où l'Évangile bien compris les acheminera. Enfin, pour
dirimer les conflits des peuples, il proposait
de substituer à la guerre, cette « dernière folie
de l'humanité », comme il la nomme, l'arbitrage
des « tribunaux internationaux et des congrès
pacifiques ». Ne trouvera-t-on pas que, par plus
d'un endroit, le P. Charles Perraud se rapproche du cardinal Manning ? Si l'archevêque
de Westminster s'est tant élevé contre ce *militarisme* qui tend de plus en plus à devenir l'état
constant et durable des sociétés européennes,
c'est sans doute parce que le militarisme nous
ronge et nous épuise[1], mais c'est aussi parce

---

1. Avec une autorité plus haute, avec l'accent de cette
paternité souveraine qui s'adresse à tous les peuples, parce
qu'elle a mission de les instruire et de les sauver, le pape
Léon XIII signalait naguère et déplorait les suites lamen-
tables du *militarisme* : « Ante oculos habemus Europæ tem-
pora. Multos jam annos plus specie in pace vivitur quam re.
Insidentibus suspicionibus mutuis, singulæ fere gentes per-
gunt certatim instruere sese apparatu bellico. Improvida

que le cardinal appelait de ses vœux le règne
de la paix universelle. Ce généreux désir, cette
passion ardente et tenace le firent adhérer à la
ligue internationale de la paix, et lui inspi-
rèrent ces fermes et courageux accents que son
biographe français nous a conservés[1]. Je le sais
bien, les congrès pacifiques dont le cardinal
Manning demandait et eût volontiers provoqué
l'institution, devaient être présidés par le Souverain Pontife; mais assurément le P. Charles
Perraud n'aurait jamais songé à exclure des
congrès qu'il rêvait, le Pape, vicaire de Celui
qui s'est appelé le *Prince de la paix*. Je ne
l'ignore pas non plus, dans la ligue de la paix
de 1869, le P. Charles Perraud comme M. Deguerry rencontraient des voisinages fâcheux,
et je me garderais bien d'approuver tout ce qui
fut dit alors; toutefois, oserait-on prétendre que
les membres des congrès pacifiques dont l'ar-

adolescentium ætas procul parentum consilio magisterioque
in pericula truditur vitæ militaris; validissima pubes ab
agrorum cultura, a studiis optimis, a mercaturis, ab artifi-
ciis, ad arma traducitur.

« Hinc exhausta magnis sumptibus æraria, attritæ civita-
tum opes, afflicta fortuna privatorum ; jamque ea, quæ nunc
est, veluti procincta, pax diutius ferri non potest. Civilis
hominum conjunctionis talem ne esse natura statum? » (Epis-
tola apostolica *Præclara gratulationis publicæ testimonia.*)

1. *Le cardinal Manning et son action sociale*, par M. l'abbé
Lemire, député du Nord, III° part., chap. ix.

chevêque de Westminster avait accepté la vice-présidence, fussent tous catholiques, ou même qu'ils le fussent pour la plupart [1]?

IV

Charles Perraud touchait à sa quarantième année. C'est l'âge où l'expérience acquise donne à l'homme le droit de parler avec autorité et

1. On a reproché aux catholiques qui prirent part en 1869 à la ligue de la paix, d'avoir enfreint les défenses et encouru les condamnations portées dans l'encyclique *Mirari vos*. Pour que l'on puisse juger, en connaissance de cause, de la valeur de ces reproches, nous donnons le texte qu'ils visent. « Ad ceteras acerbissimas causas quibus solliciti sumus, et in communi discrimine dolore quodam angimur præcipuo, » dit le pape Grégoire XVI, « accessere *consociationes quædam statique cœtus* quibus, quasi agmine facto *cum cujuscumque etiam falsæ religionis ac falsi cultus sectatoribus*, simulata quidem in religionem pietate, vere tamen novitatis seditionumque ubique promovendarum cupidine, libertas omnis generis prædicatur, perturbationes in sacram ac civilem rem excitantur, sanctior quælibet auctoritas discerpitur. » Qu'on veuille bien le remarquer, les caractères signalés par Grégoire XVI dans les sociétés qu'il réprouve, ne se rencontrent pas dans la *ligue de la paix*; la définition de celles-là ne convient pas à celles-ci. Que si l'on dit qu'à raison, non pas de son but, mais de certaines circonstances extérieures, la *ligue de la paix* exposait ses adhérents à un péril où est tombé l'orateur qui attribuait au protestantisme et au judaïsme les mêmes droits qu'au catholicisme, nous nous garderons bien d'y contredire.

assurance, et où la maturité est toute chaude encore des derniers rayons de la jeunesse qui vient de fuir. Il semblait « arrivé à ce temps heureux de moisson intellectuelle où les idées abondent et se précisent[1] ». Or, c'est à ce moment même que, vaincu par la maladie, Charles Perraud entrait dans un silence dont il ne prévoyait pas la fin. C'est à cette date aussi que, désespérant de pouvoir jamais reprendre la vie commune, il se détachait officiellement d'une Congrégation à laquelle son cœur appartint toujours.

La guerre de 1870 coïncidait presque avec le début de cette période lugubre. Durant les longs mois de luttes où de glorieux mais stériles succès retardèrent à peine le cours de nos désastres, Charles Perraud, oublieux de ses souffrances, tout entier aux douleurs de la patrie et préoccupé des besoins des âmes, servit la France à sa manière.

« Quand, au début du siège de Paris, a écrit M. l'abbé Lacroix[2], on eut mobilisé la garde nationale pour former des bataillons de marche, l'abbé Perraud offrit ses services au colonel

---

1. *Souvenirs d'un frère*, p. 149.

2. *M. l'abbé Charles Perraud, sa vie et ses œuvres*. Conférence faite en l'église de Saint-Ambroise, le 10 mars 1892, p. 26-28.

du 17e bataillon, qui les accepta avec empressement[1].

« Le bataillon assista, le 2 décembre, au combat de la Gare aux Bœufs, et durant plusieurs semaines il fut chargé du service des avant-postes aux environs de Vitry. Pendant tout ce temps, l'aumônier se montra admirable d'entrain et de courage. Il charmait les officiers par son esprit et sa gaieté, et il passait ses journées à visiter les escouades dans leurs cantonnements, rendant aux hommes tous les petits services qui étaient en son pouvoir. Beaucoup, parmi eux, se souviendront longtemps de la messe de Noël célébrée dans la pauvre église de Vitry, et des chaudes et fortifiantes paroles que leur adressa l'aumônier dans cette solennité.

« Le 19 janvier 1871, le 17e bataillon de marche prit une part active à la bataille de Buzenval. Conduit par son vaillant colonel, il était en tête de la colonne d'attaque qui enleva le parc de ce village. Ce jour-là, l'abbé Perraud eut, comme tous les officiers et les soldats du bataillon, sa part d'héroïsme et de dévouement. Dès trois heures du matin, il s'était mis en

---

1. M. le colonel de Crisenoy. « C'est à sa gracieuse obligeance, dit M. l'abbé Lacroix, que je dois les détails rapportés ici. »

marche avec les troupes, et vers le milieu de la nuit il était encore à son poste, dans la ferme de la Fouilleuse, où était établie l'ambulance. Inutile de dire combien il fut bon, tendre et consolant pour les soldats qui revenaient estropiés ou mutilés du champ de bataille. Nul n'était plus apte que lui à faire entendre la voix de la religion à tous ces hommes qui avaient rempli leur devoir ; et Dieu sait à combien d'âmes il ouvrit les portes du ciel ! »

La guerre finit, suivie bientôt de la Commune ; et l'abbé Charles Perraud, portant à l'âme une blessure qui ne s'est jamais cicatrisée, rentra dans l'appartement qu'il partageait avec le P. Gratry, récemment revenu de Belgique. Leur réunion à ce foyer, longtemps solitaire ou abandonné, fut de courte durée ; dès le commencement d'octobre 1871, le P. Gratry, atteint d'un mal irrémédiable, s'achemina vers la Suisse, et s'installa à Montreux, sur les bords du lac de Genève. L'abbé Charles et le futur évêque d'Autun l'y rejoignirent. Mgr Perraud a raconté ces longues journées, ces lentes nuits d'angoisses, qu'ils passèrent tous deux auprès du père de leur âme ; il nous a fait assister à sa fin douloureuse et cependant paisible. « La vie, dit-il, se consumait rapidement et allait bientôt s'éteindre. Cette respiration bruyante et cadencée, seul bruit dans le silence de la nuit, rappelait les balanciers de nos grandes cathédrales qui, en mesurant seconde par seconde chaque parcelle du temps emportée dans le gouffre du passé, avertissait l'âme que l'éternité approche[1]. »

C'est dans la matinée du 7 février 1872 que la mort termina cette lente agonie ; le mardi 13 février, nous accompagnions au cimetière de Montparnasse les restes du défunt qu'on avait ramenés à Paris. A partir de ces dates funèbres, Charles Perraud, comme le disait un de nous, fut définitivement orphelin. Alors commença pour lui une solitude que le travail intellectuel ne venait guère féconder et adoucir. Charles Perraud en a fait la confidence à M. l'abbé Mugnier : « Pendant des années, disait-il, j'éprouvais une telle fatigue cérébrale que j'étais réduit à m'en aller dans les rues, écartant du pied les écorces d'orange, le seul moyen qui me restât, ajoutait-il en éclairant ces paroles d'un doux sourire, d'être utile à mes semblables en prévenant un accident[2].... »

Ne croyons pas toutefois que durant ces

---

1. *Le P. Gratry, ses derniers jours, etc.*, iv, p. 83-84.

2. *Allocution prononcée au premier anniversaire de la mort de M. l'abbé Charles Perraud*, par M. l'abbé Mugnier, p. 14-15.

années lugubres, l'ingénieuse charité de Charles Perraud se soit bornée à écarter du pied des passants *les écorces d'orange* ; impuissant à prêcher, le malade ne l'était pas à consoler, ni, par la grâce de Dieu, à convertir. Bien plus, en 1879, soulevant le fardeau de la souffrance, il avait recueilli, pour les publier, les lettres de Henri Perreyve, et il était parvenu à en écrire la préface[1]. Dans cette Introduction, Charles Perraud décrit avec une vérité saisissante les diverses phases de la douleur où nous jette la mort d'un être aimé : c'est sa propre histoire qu'il raconte. Dans la première phase, tout ce qui nous rappelle un passé irrévocable aigrit notre mal au lieu de le soulager ; mais si la terre ne nous présente alors qu'un désert et un tombeau, « par un élan que la religion rend facile, nous pouvons... sortir du temps et de l'espace, franchir l'abime apparent

2. *Lettres de Henri Perreyve à un ami d'enfance* (1880). Pourquoi ne le dirais-je pas ? Dans ce recueil, certains détails, en petit nombre, avaient échappé à l'attention de l'éditeur, qui en a regretté la publication. Je citerai l'une des premières lettres (11 août 1849) où Henri Perreyve, âgé alors de dix-huit ans, fait à M. de Falloux un véritable *procès de tendances*, et juge l'habile et courageux ministre comme on le jugeait alors dans le monde universitaire. L'abbé Perreyve, éclairé et assagi par l'expérience et par l'étude, et devenu l'ami de M. de Falloux, aurait désavoué cette lettre, supposé qu'il s'en fût souvenu.

qui sépare la terre du ciel, et, pénétrant par la foi et par le désir jusque dans la vie future, visiter en quelque sorte *chez lui* celui qui, avant nous, est devenu habitant de l'éternité ».

Le temps s'écoule, et peu à peu, dans l'âme la plus tenace il amène d'inévitables changements. L'oubli n'y pénètre pas ; le regret y subsiste toujours, mais ce regret s'est adouci. Il le faut bien, car si la tempête de douleur qui a passé sur notre âme continuait à souffler, elle nous déracinerait de cette terre où, à défaut d'un foyer stable et d'une cité permanente, Dieu nous a préparé un abri et un champ de bataille ; absorbés dans une douloureuse et stérile extase, nous négligerions les devoirs de chaque jour. « Quand les années ont émoussé la pointe aiguë de la douleur, nous devenons capables de supporter, d'aimer même et de rechercher l'image du passé.

« Quel bonheur quand ceux que nous pleurons nous ont laissé quelque chose d'eux-mêmes !... Mais quel héritage plus précieux ne possédons-nous pas, lorsque leurs écrits nous conservent l'image vivante de leurs pensées et de leurs convictions, le monument durable de leurs travaux, et comme la continuation visible de l'œuvre qui était l'honneur de leur vie !

« ... De tous les souvenirs, le plus précieux

est le recueil des lettres de ceux qui nous ont aimés[1]. »

V

Le moment venait où Charles Perraud allait faire mieux que publier les lettres d'autrui, cet *autrui* fût-il l'ami cher entre tous. On était en 1880. La santé de l'abbé Perraud s'était améliorée ; ses douleurs cérébrales s'étaient amorties. Et cependant, l'orateur désaccoutumé de l'étude osera-t-il reparaître dans la chaire ? Après le désœuvrement forcé des années de la maturité, essayera-t-il de récolter à la hâte des moissons tardives ? Rendons grâces à la bonté de notre Dieu ; si nos espérances sont souvent déçues, nos craintes le sont aussi quelquefois ; à l'heure marquée dans ses conseils, une Providence miséricordieuse nous rouvre des trésors que nous pensions perdus pour toujours, nous rend les années et les moissons que la maladie avait ravagées[2]. Dans un certain sens et dans une certaine mesure, Charles Perraud allait retrouver les années perdues.

Il était à Autun le 15 août 1880. L'évêque engagea son frère à faire dans sa cathédrale

1. *Introduct.*, p. v-vii.
2. « Et reddam vobis annos quos comedit locusta. » (Joel, ii, 25.)

l'essai de ses forces renaissantes, et d'inaugurer
s'il se pouvait, en la fête et sous les auspices de
la Mère de Dieu, une nouvelle carrière oratoire.
L'abbé Perraud se laissa persuader, et monta
dans cette chaire qui ne l'avait jamais entendu.
Un ami[1], témoin joyeux de cette résurrection
longtemps désirée, nous a gardé l'exorde, tout
vibrant de tendresse fraternelle, et aussi une
analyse de ce premier discours[2].

« Vous ne vous étonnerez pas, j'en suis certain,
mes frères, disait d'abord l'abbé Perraud, si,
paraissant pour la première fois au milieu de
vous, avant d'invoquer la Reine du ciel en l'honneur de qui je dois parler, je laisse échapper du
plus profond de mon âme un accent de reconnaissance pour celui qui m'a offert cette joie et
en qui j'ai le double bonheur de saluer le plus
tendre des frères, le plus sûr, le plus fidèle, le
plus compatissant des amis. J'ai reçu assez souvent la confidence des sentiments de vénération
et de dévouement que votre évêque vous inspire
chaque jour davantage, pour avoir le droit de
vous dire à mon tour combien de cœurs, en dehors de ce diocèse, battent à l'unisson des vôtres,
et combien d'esprits dans l'Église de France at-

1. M. Planus, vicaire général d'Autun.
2. *Fête de l'Assomption à la cathédrale d'Autun. 15 août
1890.*

tendent et reçoivent avec vous cette inspiration
à la fois austère et large, cette direction ferme,
prudente, modérée, pacifique, plus nécessaire
que jamais aux catholiques dans les temps troublés où nous vivons. Et puisque nous parlons
en famille, et que nous en sommes aux confidences, je vous dirai à vous, prêtres, ses zélés
coopérateurs, et à vous, chrétiens, ses fidèles
disciples, combien votre évêque est heureux au
milieu de vous. »

Voici maintenant l'analyse du discours; si
courte qu'elle soit, elle n'est ni pâle ni froide,
car l'orateur semble avoir communiqué la
flamme qui l'échauffait à l'écrivain qui a résumé
sa parole.

« C'est une admirable puissance, au temps des
grandes épreuves, que la puissance de l'âme rai-
sonnable et libre. Méconnue, contredite, trahie,
persécutée, elle se réfugie en elle-même, et se
sent prête à soutenir l'assaut des hommes et du
monde. Il y a toutefois quelque chose de plus
grand et de plus invincible encore : c'est la
puissance de l'âme chrétienne, toute pénétrée
des dons de la grâce, rencontrant en elle la pré-
sence et l'action même de Dieu, et, pour monter
vers la vérité et la beauté, se prêtant aux opé-
rations de cette action merveilleuse. Un mot
résume tout cela : *notre assomption.* Commencée

librement dès la vie présente, cette assomption se consomme dans la vie future. Telle a été la destinée de la sainte Vierge, telle doit être aussi la nôtre.

« J'ai dit *notre assomption commencée dès cette vie*. Trois obstacles gênent et quelquefois entravent tout à fait l'essor de l'âme vers Dieu : la matière, la souffrance, le péché.

« La matière, qui, depuis la fleur jusqu'à l'astre, devrait être une manifestation de Dieu, devient pour certains de nos contemporains comme une geôle où ils s'enferment sans regarder au delà. Dieu se montre partout : ils ne veulent le voir nulle part. Ils prétendent que les croyances supra-sensibles, non seulement le catholicisme, le christianisme, mais toute philosophie spiritualiste, ne sont que superstitions, et que l'esprit humain a raison de s'en affranchir. La terre porte peu de tels monstres, disait Bossuet en parlant des athées. La prison de la matière, a dit Lacordaire, le génie ne l'acceptera jamais. Espérons que dans cette explosion de matérialisme qui nous épouvante, il y a plus de bravades et de forfanterie, peut-être aussi de respect humain, que de conviction positive. Il n'en demeure pas moins que le matérialisme a des adeptes. Ils sont les aveugles, nous sommes les voyants. Ne craignons pas : la direction de l'avenir et du monde appartiendra toujours aux voyants. Reconnaissons-le encore : la matière ne s'interpose pas seulement entre l'homme et Dieu ; par une fascination étrange, elle attire l'homme, elle lui inspire des goûts malsains ; peu contente de l'arrêter dans son élan, elle le détourne, elle l'enchaîne. Ainsi se vérifie le mot terrible de saint Paul : *animalis homo*. Le chrétien trouve dans sa foi de quoi vaincre ces séductions trompeuses. A travers la création, malgré les sens qui l'oppriment, il s'élève jusqu'au Père qui est dans les cieux.

« La souffrance, humainement parlant, est affreuse. Elle provoque au murmure, au blasphème. Croira-t-on, sans un douloureux effort, à la puissance et à la bonté du Dieu par qui les moissons mûrissent, quand on manque de pain, quand on n'en peut donner à des enfants qui demandent du pain en pleurant ? Comment voir Dieu à travers la souffrance ? La raison, toute seule, se trouble et se déconcerte. La foi soulève le voile. Le chrétien sait que son Dieu a voulu souffrir. Le crucifix ne supprime pas la souffrance : il l'explique et l'apaise. Le plus humble chrétien, en baisant les mains et les pieds meurtris du Sauveur, est plus capable de franchir la redoutable épreuve que le philosophe dépourvu des lumières de l'Évangile.

« Le péché, voilà le plus terrible comme le plus fréquent des obstacles. Lorsque je suis malheureux, je puis chercher un abri dans le bon témoignage de ma conscience ; mais quand je suis coupable, quand il n'y a en moi qu'infamie, où me réfugierai-je ? Le chrétien connaît un mot suave qui l'aide à voir Dieu, même à travers son péché : la miséricorde. Il sait que la miséricorde se penche vers lui, sans se ternir descend au fond des hontes, le prend où il est, le relève et le fait monter. Le chrétien a médité, d'une âme émue et attendrie, l'adorable parole du Sauveur : Il ne brisera pas le roseau à demi rompu, il n'éteindra pas la mèche qui fume encore. C'est bien peu de chose qu'un roseau, et un roseau presque cassé. Oui, mais c'est le roseau pensant. Jésus-Christ en a souci : il passe et le relève de sa main attentive. C'est bien peu de chose qu'une lampe presque éteinte : Jésus passe, il souffle, non pour l'éteindre, mais pour la raviver. O promesses faites pour rendre cœur aux victimes du péché, pour les aider à retrouver Dieu au milieu de leurs ruines !

« J'ai dit encore : *notre assomption consommée dans l'éternité.*

« Ensuite, c'est l'éternité, c'est le ciel qui s'ouvrent ! Saint Bernard a dit du ciel un mot qu'il faudrait pouvoir commenter par un long discours : *Quæ copia ubi nihil est quod nolis, totum est quod velis.* Essayons de nous représenter un état dans lequel soudain tout ce qui fait souffrir, tout ce que d'instinct l'âme écarte, disparaît pour être remplacé par l'abondance pleine et inaltérable des biens dignes d'envie ! Et encore, cette idée, si nous la concevions, serait à une infinie distance de la vérité, puisque ici-bas la mesure de nos désirs et de nos ambitions les plus vastes demeure nécessairement bornée.

« Demandons à Dieu, par l'intercession de Marie qui a merveilleusement accompli son Assomption ; demandons pour nous, pour nos frères, pour tous les hommes qui habitent la surface du globe, pour tous ceux qui naîtront jusqu'à la fin des siècles, la grâce de franchir les obstacles et de consommer notre destinée. Demandons aussi que la France, notre chère patrie, remonte la pente où elle glisse, et qu'au lieu d'une décadence, l'avenir lui réserve de glorieux progrès. »

Le succès fut complet, et, à quelques jours de là, l'évêque d'Autun pouvait écrire à un ami : « Charles nous a fait, dimanche dernier, un excellent sermon pour la fête de l'Assomption. Il s'apprête à nous donner dimanche le panégyrique de saint Symphorien. Vous pensez si je bénis Dieu de cette résurrection. »

Désormais la voie était rouverte : l'abbé Charles Perraud y marchera jusqu'à la fin sans s'arrêter et sans défaillir. En 1881, il prêcha le Carême à Sainte-Clotilde ; un peu plus tard, la retraite préparatoire à la première communion. L'orateur trouvait parfois, dans l'intensité et dans la profondeur du sentiment chrétien qui l'animait, d'heureuses et saisissantes nouveautés d'expression, comme lorsqu'il disait à ses auditrices, femmes du monde et du grand monde : « Vous naissez dans le luxe, vous vivez dans le luxe, et le luxe vous suit jusque dans cette grande détresse de la mort..... »

Dans l'automne de cette même année, l'abbé Charles accompagna à Rome l'évêque d'Autun, et reçut pour son ministère les encouragements de Léon XIII. Tour à tour il prêcha la station quadragésimale à Sainte-Clotilde [1], à la Madeleine [2], à Saint-Roch [3], à la Trinité [4], où il avait promis de donner le Carême de 1892, et où j'eus la douleur de le remplacer. Mais l'œuvre foncière de l'abbé Charles Perraud en ces suprêmes années, je ne la cherche ni dans ses

1. En 1886 et 1889.
2. En 1882 et 1888.
3. En 1885 et 1887.
4. En 1883.

stations quadragésimales ni dans ses retraites
de première communion. Et cependant avec
quelle émotion, avivée par ses propres souvenirs, il préparait les jeunes âmes à l'acte capital
de la vie chrétienne ! Dans un poétique langage,
il leur dépeignait cet *arbre de la première communion* qui, planté par Dieu dès le jour de leur
baptême, avait ombragé leur berceau de son
naissant feuillage, d'année en année avait grandi
avec elles, et dont ces âmes, arrivées à l'âge du
discernement, allaient cueillir le fruit sauveur[1]. Je ne chercherai pas non plus l'œuvre
principale de l'abbé Perraud dans ses sermons
de charité, où tant d'exhortations à l'aumône,
tant d'invectives contre ce luxe homicide « qui
mange le pain de ceux qui ont faim et boit les
larmes de ceux qui pleurent[2] », rappellent l'ardente et généreuse éloquence de saint Jean
Chrysostome[3]. L'œuvre par excellence de l'abbé

1. Voir cette originale et charmante comparaison dans les
Droits de l'enfance, p. 25-26.

2. Expression du R. P. Félix (Carême de 1857, sixième
conférence), que l'abbé Perraud citait volontiers.

3. C'est de préférence en faveur des enfants infirmes qui
sont recueillis et soignés dans l'asile de la rue Lecourbe,
que Charles Perraud prêcha ses sermons de charité. « Ses
amis affirment que, par ses prédications et plus encore par
ses sollicitations privées, il fit donner des sommes considé-
rables à la maison des Incurables de la rue Lecourbe. Il était
le président du comité des Dames, et, chaque fois qu'il avait

Charles Perraud, ce sont les conférences de Saint-Ambroise et de Saint-Roch ; c'est aussi la direction qu'il imprima aux âmes, et dont ses lettres ne font qu'imparfaitement connaître l'étendue et l'efficacité.

VI

A la fin de l'année 1881, encouragé par un curé ami des initiatives généreuses[1], Charles Perraud ouvrit dans l'église Saint-Ambroise, au sein d'un quartier populaire, des conférences destinées à rapprocher du christianisme ces foules que les préjugés et l'ignorance en éloignent. « Plus tard, dit M. l'abbé Lacroix, quand il eut trouvé dans M. l'abbé Frémont un successeur tout rempli de jeunesse et d'éloquence, il alla fonder les conférences de Saint-Roch[2]... » Deux volumes nous ont conservé, en partie du moins, l'enseignement que l'abbé Perraud donna du haut de ces deux chaires :

à parler pour cette œuvre, il aimait à aller passer une journée entière au milieu des enfants infirmes, afin de se pénétrer de son sujet, et en sortant de là il disait que cette maison était un véritable *paradis de la douleur.* » (*Conférence*, etc., par M. l'abbé Lacroix, p. 14-15.)

1. M. l'abbé Guédon, chanoine honoraire de Paris.
2. *Conférence*, etc., p. 22.

Le christianisme et le progrès (conférences de Saint-Ambroise, année 1881), et *La libre-pensée et le catholicisme* (conférences de Saint-Roch, année 1885).

Quelle était la caractéristique de cet enseignement et de l'éloquence que Charles Perraud mit au service de son enseignement ?

S'agit-il des sources où il puisait son enseignement et son inspiration ? D'abord, c'était l'Écriture, c'était surtout l'Évangile [1]. Disciple du P. Gratry, qui, peu d'années avant sa mort, « s'était imposé la tâche d'apprendre par cœur tous les discours de Notre-Seigneur contenus dans l'Évangile de saint Jean : *verba Verbi* [2] », Charles Perraud lisait souvent et méditait sans cesse le livre divin; pour mettre mieux à la portée de toutes les mains les leçons du Sauveur, il avait réédité, en 1882, l'œuvre d'un Oratorien inconnu : *les Paroles de Notre Seigneur Jésus-Christ, tirées des saints Évangiles, et traduites en français* [3]. Il se plaisait à com-

1. Charles Perraud a voulu que le volume de l'Évangile dont il se servait constamment fût placé sur son cœur, dans son cercueil.

2. *Le Père Gratry, ses derniers jours*, etc., par le P. Adolphe Perraud, p. 62.

3. Ce recueil, qui date de 1650, est précédé de l'Avertissement du P. Amelote (il est de 1669) et d'une lettre de l'évêque d'Autun.

menter l'Évangile, et, comme son maître le P. Gratry, comme Henri Perreyve, il excellait parfois à tirer du texte évangélique des sens jusqu'alors peu remarqués, « à faire étinceler ces diamants divins de feux longtemps inaperçus [1] ».

Charles Perraud était trop catholique pour dédaigner la Tradition, cette source puissante qui descend des mêmes sommets que l'Écriture ; il avait eu à un trop haut degré conscience de ses devoirs de prédicateur et d'apologiste, pour en négliger l'étude. Parmi les témoins de la Tradition, quelques-uns l'avaient attiré davantage : saint Jean Chrysostome, auquel, j'en suis sûr, il se fût attaché comme un compagnon de luttes et de souffrances ; saint Augustin, d'un esprit si élevé et d'un cœur si tendre ; saint Bernard ; saint Thomas d'Aquin, dont il eût volontiers pris *en bouillon* la Somme théologique ; chez les modernes, Bourdaloue quelquefois, et surtout Bossuet. J'avoue que Charles Perraud cite peu les Pères et les théologiens ; d'ordinaire, c'est plus proche de lui qu'il cherche des autorités. « Vous souvenez-vous, demandait M. l'abbé Mugnier [2], comme il

1. *Prédicateurs et apologistes contemporains.* (*Correspondant* du 10 novembre 1887.)
2. *Allocution,* etc., p. 22.

5.

se plaisait à invoquer le témoignage de ses
auteurs préférés : Lacordaire, Gratry, Perreyve?
Plusieurs murmuraient tout bas, non sans
quelque malice : Ses classiques sont bien modernes, » disons plutôt bien contemporains.
Pour être sincère, j'ajouterai que, sans attri-
buer à ce glorieux triumvirat une infailli-
bilité qu'il ne reconnaissait qu'à l'Église et à
son chef, il supportait malaisément les critiques qui s'adressaient à ces guides, à ces
amis, surtout celles qui visaient le P. Gratry
ou Henri Perreyve. Mais, quelles que fussent
les sources où il avait puisé, quelles que fussent
les œuvres dont sa parole gardait l'impression
toute vive, c'était son âme qu'il donnait à ses
auditeurs, et il la donnait toute frémissante de
tendresse, de pitié, de colère même, mais d'une
colère qui était encore de l'amour. Parfois, un
article de journal, un fait-divers lu la veille ou
le matin même, était l'occasion d'un mouvement
pathétique. Rien de moins *classique*, — au sens
faussé d'un mot qui, pris dans son acception
véritable, traduit le goût intelligent de la souveraine et impérissable beauté ; — mais rien
non plus qui saisit et émût davantage. Charles
Perraud, d'ailleurs, a pris soin de justifier sa
méthode oratoire. « Ah! s'écriait-il, les jour-
naux, les uns les parcourent d'un œil distrait

ou les interrogent avec curiosité pour savoir si les fonds ont monté ou baissé à la Bourse. D'autres y recherchent avidement l'appât offert aux plus basses convoitises et aux plus malsaines curiosités. Et pourtant, si nous savions les lire, nous y trouverions un sujet d'utiles méditations ; nous y apprendrions la science, plus nécessaire aujourd'hui que jamais, des souffrances humaines. Pour moi, ces annales quotidiennes m'intéressent plus que celles de Tacite, car, au lieu d'y remuer des cendres refroidies, j'y vois palpiter une vie étroitement mêlée à la nôtre, et des malheurs, des vertus ou des crimes où, sans le savoir et sans le vouloir, nous avons souvent une part de responsabilité[1]. »

Charles Perraud aimait les hommes ; il aimait de préférence les petits, les pauvres, ceux que la langue juridique de Rome appelait avec dédain les *humiliores*. A tous il voulait faire voir que le christianisme intégral et plénier, que le catholicisme, qui a les promesses de la vie à venir, a aussi celles de la vie présente ; qu'il est l'essentiel et solide fondement de la félicité individuelle et du bonheur social ; qu'il répond à toutes les légitimes aspirations de la raison

1. *Dieu vous le rendra*, discours prononcé, le 27 mai 1884, à l'église Sainte-Clotilde, p. 38.

et du cœur de l'homme, et que, loin d'entraver les progrès, il les seconde tous. Nul n'a plus souvent redit, nul n'a mieux goûté un texte célèbre de saint Augustin : « Sainte Église catholique, mère des chrétiens, vous proportionnez vos leçons aux besoins de chaque âge ; tendre pour l'enfant, vous traitez avec vigueur l'homme fait, et le vieillard avec une gravité sereine. Vous enseignez à l'épouse une soumission chaste et fidèle, et à l'époux le respect et l'amour. Grâce à vous, les fils obéissent librement, et les parents commandent avec douceur.... Vous unissez les concitoyens aux concitoyens et les peuples aux peuples ; en rappelant à tous les hommes qu'ils descendent d'un même père, vous les rattachez les uns aux autres par le lien de la fraternité[1]. »

Aussi, Charles Perraud ressentait-il une tendre sympathie pour les âmes en quête de la vérité, une pitié profonde pour celles qui, en la perdant, se sont déshérités de tous les biens qu'elle apporte. Pour les ramener aux sentiers qu'elles ont désertés, il leur redisait volontiers, il a cité dans une ses conférences, cette page où, après avoir montré Jeanne d'Arc prisonnière, que les volées joyeuses des cloches de

____

1. *De moribus Ecclesiæ*, xxx, 62-63.

Rouen appelaient en vain aux solennités de la Pâque, Michelet, encore à demi chrétien, ajoute : « Faisons les fiers tant que nous voudrons, philosophes et raisonneurs que nous sommes aujourd'hui. Mais qui de nous, parmi les agitations du mouvement moderne, ou dans les captivités volontaires de l'étude, dans ses âpres et solitaires poursuites, qui de nous entend sans émotion le bruit de ces belles fêtes chrétiennes, la voix touchante des cloches et comme leur doux reproche maternel ? Qui ne voit, sans les envier, ces fidèles qui sortent à flots de l'église, qui reviennent de la table divine rajeunis et renouvelés ? L'esprit reste ferme, mais l'âme est bien triste. Le croyant de l'avenir, qui n'en tient pas moins au passé, pose la plume et ferme le livre, il ne peut s'empêcher de dire : Ah ! que ne suis-je avec eux, un des leurs, et le plus simple, le moindre de ces enfants ! »

Quelques lecteurs des *Conférences* trouveront peut-être que parfois Charles Perraud a paru faire des concessions extrêmes. Par exemple, le P. Perrone, cité par l'orateur, a-t-il bien dit tout ce qu'on lui faisait dire[1] ? Et, sur un autre

1. « Tous, je le sais, dit Charles Perraud, ne croient pas à la possibilité d'une parfaite bonne foi fondée sur l'ignorance invincible et l'invincible aveuglement de la part de

point, grave et délicat, le pouvoir coercitif de l'Église, l'orateur ne s'est pas exprimé d'une manière suffisamment exacte et complète.

l'athée et du matérialiste. Mais pourquoi serais-je plus sévère que l'illustre professeur du Collège romain? En ne distinguant pas les diverses sortes d'incrédulité et en ne condamnant que l'incrédulité coupable, ne donne-t-il pas à entendre qu'à tous les degrés de l'erreur il peut y avoir irresponsabilité? » (*La libre-pensée et le catholicisme*, deuxième conférence, p. 61-62.)

Évidemment l'abbé Perraud s'est mépris sur la pensée du P. Perrone. Le théologien qui a écrit : « ... Non ita certum exploratumque est, utrum dentur athei *speculativi* seu *dogmatici* vel *theoretici*, qui nempe sibi, obluctante conscientia, persuadere ratiocinationis vi revera possint, Deum nullum existere » (*Prælectiones theologicæ*, tract. de Deo, pars prima, cap. prim.), ne songeait pas à étendre à ces athées le bénéfice de l'irresponsabilité.

Quant à la question : si la bonne foi est possible dans l'athéisme, elle a été traitée par M. l'abbé de Broglie, dont la conclusion est moins absolue que l'arrêt porté par le P. Perrone.

« Peut-être, écrit M. l'abbé de Broglie, pourrait-on dire qu'il est impossible d'être athée de bonne foi, quand on croit à l'évidence, quand la faculté de percevoir l'évidence n'est pas atrophiée, quand on est encore habitué à distinguer le vrai du faux par le critérium naturel, le critérium de l'évidence. Mais quand, par l'association des idées, on a pris l'habitude de ne plus juger que par le critérium de la vérification sensible, quand les notions de vérité et de vérification sensible se sont unies et confondues, alors il devient possible de ne plus croire à l'existence de Dieu, parce que cette existence n'est pas sensiblement vérifiable. » (*Le Positivisme et la Science expérimentale*, t. II, p. 448.) Il faut,

Qu'on ne s'y méprenne pas, c'était dans l'espoir de ramener les âmes, c'était aussi parce que les tendances naturelles de son esprit allaient à élargir, au sein de l'orthodoxie, le domaine de la liberté intellectuelle, que Charles Perraud faisait de telles concessions et de telles avances. Dédaigneux des mobiles humains, incapable de poursuivre une popularité frivole ou une vaine gloire, il recherchait uniquement le bien des âmes, et, selon un mot du P. Lacordaire, « il étendait la main hors de l'arche, et tâchait d'y attirer les fugitifs de Dieu ».

Charles Perraud ne s'apitoyait pas moins sur les misères morales que sur les détresses intellectuelles ; sa douleur, douleur poignante et sacrée que tout prêtre, que tout chrétien partagera, c'était de ne pouvoir toujours remédier à ces misères. Qu'on l'écoute lui-même. « Ah ! Messieurs, il est bien dur, à certaines heures, d'être prêtre. Quel est celui de mes frères dans le sacerdoce qui n'a pas pleuré, comme moi, en

ce semble, compléter la solution proposée par M. l'abbé de Broglie, en ajoutant que si l'athée sincère use de tous les moyens qui lui sont accordés pour connaître la vérité et pour accomplir la loi morale, Dieu ne le laissera point jusqu'à la mort dans un état où il lui est impossible de tendre, et partant d'atteindre à sa fin dernière.

1. Lettre du P. Lacordaire à M. Auguste Nicolas, en tête des *Études philosophiques sur le christianisme*.

face des drames que je vais dire ? Un jour, c'est un jeune homme de vingt ans qui est sur son lit de mort : on m'appelle, il y faut aller.

« Combien d'hommes, méconnaissant notre ministère de consolation, s'imaginent que le prêtre rôde autour des maisons et des familles pour les épouvanter de ses sévères doctrines ! Savez-vous qui serait tenté parfois d'avoir peur dans ces occasions-là, et qui voudrait s'enfuir, si le devoir ne le retenait ? C'est le prêtre.

Il est affreux d'être au chevet d'un enfant de vingt ans, quand la mère est là qui pleure, et quand l'enfant vous dit : Je meurs parce que je me suis tué. Quel désespoir alors, si on n'avait autre chose devant soi que la vie présente, et si on ne pouvait pas parler de l'immortalité ! Infortuné ! S'il avait été chrétien, il aurait vécu, ou, peut-être, il serait mort sur un champ de bataille ; son sang aurait coulé pour son pays, au lieu qu'il a coulé pour la débauche[1]. »

Aussi, quelle généreuse indignation, quelle colère inextinguible contre les sophistes qui, par leurs doctrines, menacent ou ruinent dans les âmes la vie morale ! Ceux qui ont peut-être reproché à Charles Perraud quelques complaisances, d'une sincérité d'ailleurs indéniable,

1. *Le christianisme et le progrès.* Troisième conférence : « Le christianisme et le bonheur individuel ».

pour les tenants du spiritualisme philosophique,
— il voyait ce qui rapproche plus que ce qui
sépare, — reconnaîtront qu'il n'étendait pas
cette indulgence aux apôtres du sensualisme.
Il a éclaté en sévérités vengeresses contre ces
théoriciens abjects qui proposent le plaisir
comme but à la vie humaine, contre ces sophistes éhontés qui réservent de préférence les
joies avilissantes — l'alcool et le reste — à
ceux que l'injurieux dédain des privilégiés juge
incapables d'aspirer à des joies meilleures[1].

Si Charles Perraud flétrit les théoriciens de
l'immoralité, il n'épargne point leurs adeptes,
les hommes qui mettent en pratique ces doctrines perverses. Après le P. Lacordaire[2], après
le P. Gratry qui a éloquemment décrit ce qu'il
nommait l'*abus du feu*[3], Charles Perraud a retracé les désordres que le vice impur entraîne.
Plus précis, plus hardi peut-être et non moins
chaste que ses devanciers, il entre dans des détails qui mettent à nu certaines suites, na-
vrantes et terribles, de ces faiblesses qu'inno-
cente si aisément l'indulgence intéressée du

1. *La libre-pensée et le catholicisme*, première conférence : « La fausse libre-pensée ».
2. Vingt-deuxième conférence de Notre-Dame : *De la
chasteté produite dans l'âme par la doctrine catholique*.
3. *De la connaissance de l'âme*, liv. IV, chap. 1ᵉʳ.

monde. Qu'on lise les pages qui vont suivre :
en les transcrivant, je ressens encore l'émotion
contenue et profonde qui, en décembre 1881,
sous les voûtes de Saint-Ambroise, pénétrait à la
fois l'orateur et son auditoire.

« Voici un mot que vous avez lu peut-être
dans un roman qui a fait fortune il y a quelque
vingt ans : elle m'aurait demandé un crime, je
lui aurais obéi. Ce n'est pas un crime que les
mauvaises passions demandent chaque jour à
l'humanité, et qu'elles obtiennent d'elle, ce
sont des millions de crimes. Elles ne reculent
devant rien, ni devant les désespoirs d'une
mère, ni devant les malédictions paternelles ;
ce sont des bêtes féroces qui boivent les larmes
et qui se repaissent de sang. N'est-il pas aussi
un bourreau, ce père qui consent à ne point savoir ce qu'il est advenu de sa paternité? Lorsqu'il passe dans les rues d'une ville, et qu'il
rencontre de pauvres enfants trouvés, véritables
parias que multiplie chaque jour le vice, comment ne tremble-t-il pas au fond de son âme, en
se disant : A qui donc ces enfants? Moi, je suis
riche, honoré, heureux, et celui-là, il est peut-
être mon fils ! et celle-là, elle est peut-être ma
fille ! Et peut-être, dans quelques jours, ma
chair et mon sang vont passer à toutes les misères et descendre à toutes les ignominies! Un

journal racontait, il y a quelques années, l'histoire d'un père qui, à la suite d'un duel, avait eu l'affreuse douleur d'apprendre que le jeune homme qu'il avait tué était son fils.

« Pour moi, j'ai pensé souvent avec terreur aux complications effroyables créées par la débauche, à ces mystères que les hommes s'efforcent d'oublier, mais dont ils sont responsables, et que dévoilera un jour l'inexorable justice de Dieu. Ces magistrats, ces jurés qui ont dit : Oui, cet homme est coupable, et qui sauront un jour que ce voleur, cet assassin était l'héritier de leur sang. Ces corrupteurs qui, sur le chemin tant de fois parcouru de leurs vices, auront retrouvé, sans la reconnaître, la ressemblance d'une beauté qui les avait séduits il y a vingt ans, et qui reculeraient d'horreur s'ils savaient le lien qui les unit à leur victime d'aujourd'hui[1]. »

Dans ces désordres qui ont si souvent transformé la *vallée de larmes* en un lac de boue et de sang, Charles Perraud voyait la méconnaissance des lois divines et des conditions providentielles du bonheur terrestre. Si, docile à l'appel de Dieu, il avait renoncé pour lui-même aux joies sévères et douces cependant du foyer domestique, il en comprenait, il en devinait le

---

1. *Le christianisme et le progrès*, troisième conférence : « Le christianisme et le bonheur individuel ».

charme salubre ; il a tracé de la vie conjugale et familiale, telle qu'il l'avait entrevue ou rêvée, une ravissante peinture[1], et il déplorait les servitudes honteuses qui en éloignent tant de jeunes gens, ou qui ne leur permettent d'y apporter qu'un cœur lassé et flétri. Et ce n'était pas seulement comme chrétien, comme prêtre, c'était encore comme Français qu'il jetait l'anathème aux voluptés mauvaises. Il le savait et il l'a souvent répété : le sang qui s'est perdu dans le plaisir ne coulera point sur les champs de bataille ; il n'alimentera point des familles saines et fortes, capables d'honorer et de servir la France.

Charles Perraud aimait son pays ; et, dans cette parole toute pleine des pensées d'en haut et des espérances éternelles, la note patriotique vibre avec une intensité continue. L'amour, toujours éveillé et actif, j'ai presque dit l'amour inquiet dont il aimait tous les hommes, quelle que fût leur race, n'avait pas amorti sa prédilection pour la terre où il était né et pour le

1. *Le christianisme et le progrès*, troisième conférence : « Le christianisme et le bonheur individuel », p. 142 et suiv. Ces pages, d'une inspiration si pure, en rappellent d'autres du P. Lacordaire, dont rien ne surpasse l'exquise beauté. (Soixante et unième conférence, *De l'épreuve* : « Ami, enfant de ta mère et frère de ta sœur, etc. ».)

peuple dont il était le fils. Nos désastres avivèrent encore ses patriotiques ardeurs et ouvrirent dans son âme la source des regrets inconsolables. Je vois encore dans son cabinet de travail la carte de France avec la tache noire, le signe de deuil, qui indiquait à l'Est des brèches et des blessures toujours béantes. Il ne se résignait pas à cette mutilation de la patrie; il se résignait moins encore aux prophéties lugubres qu'une longue suite de déceptions et de défaites inspire aux esprits abattus. « Quant à moi, s'écriait-il, je ne puis supporter d'entendre dire, comme on le fait trop souvent depuis quelques années : La France est perdue, la France disparaîtra comme la Pologne. Non, Messieurs, cela n'est pas possible, si nous le voulons[1]. » De quel cœur louait-il les serviteurs de la France, morts à son service, Bernard de Nanteuil, emporté à vingt-huit ans[2], ou le commandant Berthe de Villiers, qui, au début de la guerre du Tonkin, frappé de trois balles, prononçait ces mots d'une simplicité sublime : « Dites à ma femme que je meurs en soldat et

1. *La libre-pensée et le catholicisme*, sixième conférence : « Le catholicisme et la liberté de penser. »

2. *Allocution prononcée le 4 janvier 1889 au service funèbre pour le repos de l'âme de M. Bernard de Nanteuil, enseigne de vaisseau.*

6.

en chrétien[1] ! » Mais de quelle voix étranglée par l'angoisse ou frémissante d'indignation n'annonçait-il pas de récentes catastrophes, ne flétrissait-il pas l'incurie et l'audace qui les avaient provoquées ! A Saint-Roch, le lendemain même du jour où la nouvelle du désastre de Lang-Son avait circulé dans Paris, Charles Perraud disait : « Dans ce deuil inattendu qui nous accable tous, qu'aurais-je voulu, sinon pleurer et prier en silence ?

« Oui, se taire et prier, car peut-être, à l'heure où je parle, nos pauvres soldats sont écrasés sous le choc d'ennemis innombrables, et dès lors, à quoi bon les paroles et quel secours invoquer sinon le secours de Dieu ? Oui, se taire et pleurer, car certaines douleurs ne s'expriment que par des larmes.

« Efforçons-nous pourtant de regarder l'épreuve d'un œil viril, et d'en tirer une utile leçon. Ayons le courage de voir et de dire la vérité. Dans le malheur qui nous frappe n'avons-nous pas tous une responsabilité ?

« Je me suis permis, il y a quelques jours, de citer ici le nom d'un homme contre lequel j'avais le devoir de parler, parce qu'il s'agissait de combattre des erreurs philosophiques

---

1. *La libre-pensée et le catholicisme*, quatrième conférence : « Le catholicisme et la pensée. »

et religieuses ; aujourd'hui, je ne veux rien ajouter à sa peine[1]. Mais si je ne dis rien de lui, et si j'aime mieux le laisser en face de sa conscience, je dirai quelque chose de nous. Puissions-nous être instruits et préservés dans l'avenir, par le souvenir de si cruelles épreuves[2] ! »

C'est là un noble langage, ce sont de pathétiques accents. Je le dirai néanmoins, — et je l'ai dit à l'orateur sans réussir à le persuader, — dans ses sermons, dans ses conférences, Charles Perraud faisait à l'idée et à la préoccupation patriotiques une part qui me paraissait excessive. J'avais même regretté qu'un soir, à Saint-Ambroise, flétrissant l'abjecte doctrine du baron d'Holbach, il eût jugé à propos de faire suivre de l'épithète d'*allemand* le nom du fameux matérialiste. Que prouvent des arguments de cette sorte ? Leibniz aussi était allemand, et Renan était français et même breton.

Nous croyons avoir indiqué le caractère de l'enseignement et de l'éloquence de l'abbé Perraud, et nos extraits ont fait connaître cette prose ferme, saine, où, à côté de mouvements vifs et passionnés, se rencontrent aussi les images. D'autres orateurs ont emprunté leurs

1. M. Jules Ferry.
2. *La libre-pensée et le catholicisme*, sixième conférence : « Le catholicisme et la liberté de penser. »

images aux aspects gracieux ou sublimes de la nature visible; Charles Perraud demandait de préférence les siennes aux œuvres de l'industrie et de l'art. Veut-il donner à son auditoire une idée du travail de la pensée humaine? « Vous avez vu comme moi, Messieurs, dit l'orateur, dans nos grandes usines métallurgiques, ces espèces de volcans fabriqués de main d'homme qu'on appelle les hauts-fourneaux. Dans ces foyers, aussi grands que nos maisons, le feu est en perpétuel travail. Il gronde sourdement, et jamais sa voix ne se tait ni sa respiration ne s'arrête. Là, comme dans le brasier immense qui forme le noyau de notre globe terrestre, le fer, le cuivre, l'étain, l'acier, tous les métaux sont en continuelle fusion. Nuit et jour les ouvriers se succèdent, et, non moins vigilants que les vestales de la Rome antique, ils sont là pour empêcher la flamme de s'éteindre et pour donner sans retard sa pâture au feu toujours prêt à la dévorer.

« Or, ce n'est là qu'une faible image du gigantesque et puissant effort de la pensée humaine, et de son inconcevable, de sa prodigieuse activité [1]. »

L'art aussi, et surtout la musique, fournissait

1. *La libre-pensée et le catholicisme*, seconde conférence : « La pensée. »

à Charles Perraud des comparaisons heureuses
et saisissantes. Démontrant que la liberté ne
consiste pas dans l'absence de tout frein,
qu'elle n'est féconde qu'à la condition d'accepter des limites et des règles, il demande
ce que deviendraient l'histoire, si, dédaignant
l'étude des sources, elle inventait de toutes
pièces les faits qu'elle a mission de retracer
et de juger; la philosophie, si elle s'affranchis-
sait des lois du raisonnement; la peinture, la
poésie, l'architecture, si tous ces arts préten-
daient substituer aux lois qui les dominent les
caprices d'une fantaisie meurtrière. Il demande
enfin ce que deviendrait la musique.

« De toutes les sphères où se meuvent l'intelligence et l'imagination de l'homme, il n'en
est pas qui leur ouvrent de plus vastes et de
plus libres horizons que la musique. Moins
enchaînée par la logique des idées ou des faits
que l'éloquence, plus indépendante des réalités
extérieures que la peinture, la musique plane
dans des espaces plus vastes, dans des immen-
sités plus profondes que la poésie elle-même[1].

---

1. A Dieu ne plaise que j'ose médire de la musique, mais
encore faut-il ne pas lui sacrifier les autres arts. Elle suggère des sentiments parfois très élevés; elle provoque souvent des rêves, ce dont je la louerai moins; mais la poésie,
j'entends celle qui n'est pas trop voisine de la musique,

Mystérieuse fille du ciel, elle nous en ouvre pour ainsi dire les portes, et notre âme, soulevée hors d'elle-même et des limites ordinaires du monde, s'élance vers des régions inconnues d'où elle voudrait ne descendre jamais. Or, à quelles conditions la musique peut-elle s'emparer ainsi de toutes nos puissances, et exercer sur l'homme un prestige qui n'est surpassé que par la religion ? En s'astreignant elle-même à une logique inflexible, et en observant, avec une rigoureuse exactitude, tout un ensemble de lois mathématiques.

« Si l'inspiration, comme l'Esprit de Dieu, souffle où elle veut, et n'est bornée par aucune limite, l'harmonie a des règles précises, des principes inviolables auxquels le génie même n'a pas le droit de déroger.

« Et, quand un chef-d'œuvre a été pour ainsi dire évoqué du néant par un Beethoven ou un Palestrina, à quelles conditions la merveilleuse création, ensevelie sous des signes muets, re-

suggère aussi des sentiments et nous porte aussi en haut ; et ces sentiments, éclairés et vivifiés par l'idée, sont conscients et précis. Les régions idéales où nous pénétrons à la suite des grands poètes ont une tout autre consistance que les espaces illimités du rêve. Serait-ce là une infériorité de la poésie ? Voir sur ce sujet (*Correspondant* du 25 août 1865 et du 25 avril 1866) les idées en sens divers émises par le comte de Falloux et par Victor de Laprade.

naîtra-t-elle pour charmer de nouvelles générations ?

« Vous le savez, Messieurs, et vous avez eu l'occasion d'admirer comme moi la discipline sévère et la parfaite obéissance qui donnent aux orchestres du Conservatoire ou de nos grands concerts populaires leur étonnante perfection.

« Quelle solennité, quelle véritable émotion, à l'instant décisif qui précède et qui prépare la première attaque ! Tous ces artistes, éprouvés et aguerris cependant, l'œil fixé sur le chef qui les conduit, n'ont-ils pas dans la saisissante immobilité de leur attitude quelque chose qui rappelle le célèbre tableau intitulé : *Avant le combat*[1] ? Un frisson mystérieux parcourt toutes les âmes, et semble communiquer aux instruments eux-mêmes d'imperceptibles vibrations.

« Enfin le signal est donné, et tantôt l'orchestre entier s'ébranle en même temps, s'élance avec impétuosité, se précipite comme un ouragan pour s'apaiser progressivement, et pour revenir peu à peu au calme qui suit les violentes tempêtes. Tantôt, c'est une seule voix harmonieuse et douce, qui prélude au milieu de l'universel silence, entraînant bientôt d'au-

1. De M. Protais.

tres voix qui s'unissent à elle pour redire la même mélodie, puis de nouveaux instruments qui font écho, puis l'armée tout entière qui entre dans la bataille, puis l'auditoire lui-même qui, saisi d'une sorte d'ivresse divine, s'exalte à son tour, et éclate en applaudissements qui se mêlent aux derniers éclats du combat.

« Mais qu'adviendrait-il, si chacun, sous prétexte de liberté, voulait à son gré ralentir ou hâter le mouvement, ou seulement même modifier les nuances ? A l'instant même toute harmonie serait anéantie, toute mélodie s'effacerait, et à la place d'un hymne sublime, il ne resterait plus qu'un ridicule et insupportable bruit[1]. »

VII

Après avoir donné par ces extraits une idée du prédicateur et du conférencier, faut-il maintenant montrer en Charles Perraud le directeur d'âmes ? L'entreprise est plus difficile. Dans toute direction, il y a une partie, souvent la plus considérable, qui échappe à nos investigations. Dieu seul intervient aux entretiens qui s'échangent de vive voix entre l'âme et le prêtre qui la dirige. Ce qu'étaient ces entre-

1. *La libre-pensée et le catholicisme*, troisième conférence : « La liberté de penser. »

tiens de l'abbé Perraud, nous sommes en droit de le conjecturer, nous le savons même par les plus sûrs témoignages. Charles Perraud s'y donnait tout entier ; il y mettait sa foi, sa piété, au besoin sa gaieté et son esprit, et ainsi il excellait à consoler, à relever les âmes, à les pousser en haut et en avant. Mais on peut aussi diriger par lettres ; et de fait, les lettres de direction forment une des parties les plus riches de la littérature chrétienne. Je l'avouerai, l'on ne rencontre pas dans la correspondance de Charles Perraud quelques-unes des qualités qui distinguent tel de ses contemporains ou de ses maîtres. Elle n'a point l'éclat, le tour aisément sublime des lettres du P. Lacordaire, ni la grâce souriante des lettres d'Henri Perreyve. Mais en revanche, quelle absence de toute recherche, quelle sincérité, quelle tendre et efficace sympathie pour ceux auxquels Charles Perraud s'adresse ! Il entre dans leurs peines, il répond aux confidences par d'autres confidences qui le mettent de plain-pied avec ceux qui les lui font. Jeune prêtre, il écrivait à un confrère qui lui avait confié de secrètes épreuves : « J'aime à voir que vous sentez vivement vos misères. Ah ! que vous avez raison de dire que nous sommes pétris d'orgueil ! Ce serait à désespérer s'il ne nous était permis de répéter avec David : *Quoniam ipse cognovit figmentum nostrum* [1].

« Oui, nous étudions, oui, nous écrivons, oui, trop souvent, hélas ! nous prêchons pour être connus, loués, ou du moins pour paraître ; nous avons horreur de la vie obscure, cachée, humble ; il nous faut des spectateurs, des admirateurs ; nous les cherchons même quand nous semblons ne réclamer que des critiques.

« Je vois comme vous avec chagrin combien nos œuvres sont ternies par l'amour-propre ; mais le bon Dieu a pitié ; il prend ce qu'il y a de bon, et il laisse le reste. Vous vous rappelez peut-être cette comparaison familière mais lumineuse, employée par le R. P. Pététot à notre dernière retraite : Quand une bonne ménagère trouve ses fruits à demi gâtés, ne croyez pas qu'elle les jette ; non, mais elle prend un couteau, enlève ce qui ne vaut plus rien, et de ce qui reste compose, pardonnez le mot, une excellente marmelade.

« Ainsi, nous pouvons espérer que Notre-Seigneur tiendra compte, parmi tant d'orgueilleuses faiblesses, du moindre effort tenté pour nous renoncer [2]. »

1. « Parce qu'il connaît le limon d'où il nous a tirés. » (Ps. cii, 14.)
2. 9 septembre 1860.

Ce langage, Charles Perraud, mûri par l'âge et l'expérience, continua de le tenir. Aux plaintes des âmes, il répond surtout par le *Sursum corda!* Il montre le ciel à ceux qui luttent et aussi à ceux qui faiblissent. « Comme nous tous, hélas! écrivait-il, vous avez besoin de méditer le mot de saint Paul sur lequel j'ai l'intention de prêcher à la cathédrale (d'Autun) : *Nous n'avons pas ici-bas de cité permanente, mais nous cherchons la cité future* [1]. Il y a là, pour chacun de nous, matière à un sérieux examen. La cherchons-nous vraiment, cette cité de l'avenir qui doit nous rendre les amis que nous avons perdus, et nous donner Dieu que nous ne possédons pas encore? Ou, au contraire, n'essayons-nous pas de l'oublier, et s'il était possible, de la fuir, en nous reprenant sans cesse aux espérances de la vie présente?

« Selon mon habitude, j'essaye de me prêcher moi-même avant de prêcher les autres, et je vous avoue que je suis littéralement honteux de voir à quel point je suis encore sensible à toutes ces amorces du bonheur terrestre auquel j'ai cependant fait profession de renoncer.

« Je vous dis cela pour vous encourager dans vos épreuves et dans vos détresses intérieures.

1. Hebr., XIII, 14.

Au fond, je ne manque pas plus d'espérance que vous ne manquez de foi, mais Dieu veut, pour notre mérite, que nous ayons à recommencer tous les jours le combat [1].

« Les âmes, même les meilleures et les plus dignes de se comprendre, disait-il un jour, ne se touchent en ce monde que par leurs côtés douloureux. » Aussi, comme il aspirait au jour où cesseront à jamais les malentendus qui les auront séparées ici-bas, et où celles qui se seront comprises et aimées se comprendront et s'aimeront mieux encore !

« Notre-Seigneur a promis aux âmes aimées de lui et qui s'aiment entre elles plus que l'union la plus étroite : la consommation dans l'unité. Voilà ce qu'il faut voir constamment devant soi, comme on regarde le soleil se lever à l'horizon. D'ici là, que de souffrances, que de privations, que de lenteurs, que de combats, que d'impatiences douloureuses et presque désespérées ! Mais Dieu est là, le temps marche, et bientôt la grande révélation des joies espérées se fera.

« Si nous n'espérions qu'en cette vie, ne craint pas de dire saint Paul, nous serions les plus malheureux des hommes.

« ... Non, ce n'est pas seulement pour vous

1. 26 octobre 1882.

consoler, mais pour me consoler moi-même, que je m'efforce de croire de plus en plus au dédommagement infini de la vie du ciel. Bossuet a dit : « C'est alors que Dieu donnera ce « grand coup de maître qui rendra les élus à « jamais étonnés de leur propre gloire. » Changeons, si vous le voulez, ce mot *gloire* en un autre mot plus accessible à notre intelligence et à notre cœur....

« Je vous accorde qu'il est plus facile de donner sa vie en une fois, comme ce lieutenant de vaisseau, que de mourir mille fois par jour pendant vingt-cinq ans de suite ; mais le Père qui voit dans le secret nous le rendra.... »

« J'entrevois de plus en plus une vérité capitale dont j'espère vous parler plus tard, c'est que le plan et la volonté de Dieu sur certaines âmes *privilégiées*, est de les forcer, en les privant du bonheur terrestre et humain, à se réfugier dès maintenant dans la vie céleste [1]....

Un jour, dans les *Fragments* d'un songeur solitaire, esprit pénétrant auquel il ne faudrait pas demander les croyances précises de Tonnellé et de Gratry, Charles Perraud avait reconnu avec charme une des pensées qui lui étaient le plus familières. « Je vous transcris à

1. 27 novembre 1884.

7.

la hâte, disait-il, un beau passage d'Amiel. «Les aspirations sont nécessairement prophétiques, puisqu'elles n'ont pu naître que sous l'action de la même cause qui leur permettra d'aboutir.

« L'âme ne peut rêver l'absolu que parce que l'absolu est : la conscience de la perfection possible est la garantie que la perfection sera....

« C'est pourquoi, disons comme David dans l'admirable psaume LXXVI : *J'ai pensé aux jours anciens*; mais surtout, faisons en sorte de pouvoir dire : *J'ai médité les années éternelles*.

« Ce n'est pas du côté du soleil couchant qu'il faut regarder, c'est du côté du soleil qui se lève [1]....

« ... Il serait grand temps de se retrouver pour ne plus se quitter jamais. La vie présente, quoi qu'on fasse, est cruelle parce qu'elle se termine toujours et fatalement par la séparation. Voilà un mot affreux qui n'existera point dans la langue du ciel, et qui sera remplacé par quelque chose de beaucoup meilleur que la réunion : par la *consommation dans l'unité*.

« Si nous pouvions seulement entrevoir ce que cette promesse de Jésus-Christ contient d'ineffables joies! Mais nous ne comprenons rien et nous n'avons pas une foi assez vive;

_____
1. 7 décembre 1886.

voilà pourquoi nous vivons dans une tristesse
qui paralyse nos efforts [1].... »

L'espérance du ciel, l'aspiration constante à
l'éternelle possession de Dieu, et à la réunion
sans fin de toutes les âmes qui se sont aimées en
Dieu, telle est la note dominante des lettres de
Charles Perraud. Ajoutons-y de sobres retours
sur lui-même et sur de chers souvenirs. Le
13 janvier 1891, il écrivait : « C'est aujourd'hui
mon entrée officielle dans la vieillesse.... Vous
m'avez envoyé le 7, pour l'anniversaire de la
mort de ma mère [2], un mot si bon et si consolant, que j'aime à vous en témoigner toute ma
reconnaissance en vous envoyant celui-ci, et en
vous disant : Priez bien pour moi en ce jour si
grave, car je comprends de mieux en mieux
que la vieillesse devrait être le *vestibule du
ciel....* »

VIII

Charles Perraud touchait donc à ses suprêmes
années, et quoique rien alors ne lui fît prévoir
la brusque fin qui devait l'emporter, il pensait et
se préparait de plus en plus à la mort. Il pensait aussi à ceux qui l'avaient précédé et qu'il
avait hâte de rejoindre. Il a pu le dire en toute

1. 25 février 1889.
2. Mme Perraud était morte le 7 janvier 1866.

vérité : « En avançant dans la vie, les deuils se sont tellement multipliés autour de nous, que nos relations sont plus nombreuses et plus étroites avec les morts qu'avec les vivants[1]. » Aussi, que de fois le nom des absents revenait sous sa plume et sur ses lèvres ! Qu'on me permette un souvenir. C'était le samedi 3 mai 1890 ; nous nous rencontrions à l'Hay, dans cette maison où le Noviciat, l'*Institution* de l'Oratoire, comme disaient nos devanciers, allait désormais se fixer ; dans cette chapelle que l'évêque d'Autun s'apprêtait à bénir. Dans le parc, qui nous souriait de sa fraîche et radieuse nouveauté, le rossignol chantait comme pour nous souhaiter la bienvenue ; et ce chant nous suggérait une lointaine et chère réminiscence. Henry Perreyve avait autrefois traduit, avec une grâce naïve, la *Philomena*, petit poème où, dit l'aimable traducteur, « saint Bonaventure compare l'âme chrétienne méditant la vie du Christ au rossignol célébrant les heures de son dernier jour[2] ». Comme pour consacrer cette

1. *Méditations sur les sept paroles de Notre-Seigneur Jésus-Christ*, troisième méditation : « Le sublime accord des âmes chrétiennes dans l'acceptation du sacrifice et de la séparation », p. 86.

2. « Comme le rossignol, poursuit l'abbé Perreyve, dès l'aube du jour, prélude à ses mélodies, salue chacune des heures qui s'écoulent et meurt avec le coucher du soleil,

pompe printanière, nous nous rappelions les strophes ardentes du docteur séraphique, et, à l'entrée de la carrière nouvelle qui s'ouvrait ainsi l'âme commence ses chants par l'*Hymne de la création* : elle chante l'enfance du Christ, sa vie et enfin sa mort. Le Christ est comme son soleil, et elle meurt avec lui d'une mort mystique qui est le gage et le commencement de la vie éternelle. »

Quelques extraits feront connaître l'opuscule exquis de saint Bonaventure, lequel, non moins que son maître saint François d'Assise, découvrait et chantait les harmonies de la création visible avec le monde surnaturel et divin.

« Tandis qu'elle considère ainsi l'enfance du Christ, chantant avec allégresse le cantique de la première heure, la troisième heure sonne, rappelant ce qu'il a souffert pour l'enseignement des hommes.

« L'âme repasse alors, dans un souvenir plein de mélancolie, les travaux du Christ, sa soif, sa faim, son corps transi de froid, les ardeurs du soleil qu'il a portées, ses sueurs, tout ce qu'il a souffert pour les pécheurs, tandis qu'il voulait changer leur vie...

« La voix de l'âme est comme brûlée par les souffles de l'amour, *Oci ! oci* [*] ! crie le céleste oiseau, et il n'aspire plus qu'à mourir au monde, à ses dangereuses mollesses, à ses cruelles délices.

. . . .

« *Oci ! oci !* crie-t-elle à ce moment, versant des larmes sur l'exil terrestre du Christ, s'efforçant de louer et de glorifier encore la généreuse victime de ses péchés.

« En ce temps-là, l'âme est comme enivrée ; mais l'heure de midi approche, la chaleur devient plus brûlante... Pour exciter en elle les aiguillons de l'amour, voici venir la Passion du Christ... »

Cette traduction a paru jadis dans le *Journal des bons*

* Oci, Oci, imitation harmonique d'une des inflexions de voix du rossignol.

devant l'Oratoire, nous évoquions les années et les amis disparus.

Au commencement de cette année 1890, Charles Perraud avait publié un livre : *Méditations sur les sept paroles de Notre Seigneur Jésus-Christ sur la croix*, que l'évêque d'Autun, disant encore plus vrai, hélas ! qu'il ne pensait, a nommé le « testament suprême du laborieux et fécond apostolat » de son frère[1].

Comme toutes les épreuves et toutes les douleurs qui nous y acheminent, la mort avait été l'objet des longues méditations de Charles Perraud. Aux questions que ce mystère soulève et que soulèvent aussi tant de détresses auxquelles nous sommes en proie ; à ces *pourquoi* qui n'étaient pas le jeu de son esprit, mais qui furent le tourment de son âme, il opposait d'abord sans doute les affirmations d'une raison éclairée par le christianisme : « ... Si l'explication nous manque, n'avons-nous pas le principe général de toutes les explications ? La raison et la foi ne nous disent-elles pas que Dieu est souverainement sage et infiniment bon ? Si tous les mystères étaient dévoilés, quel mérite y aurait-il à croire, et ne perdrions-nous pas la béati-

exemples, que M. Claudius Hébrard dirigeait à Lyon, et n'a jamais été réimprimée.

1. *Introduction*, p. xv.

tude promise par Jésus-Christ à ceux qui croiront sans avoir vu ? Ce n'est pas au temps de l'épreuve, mais au jour de la récompense, que doit apparaître à nos regards ravis l'harmonie du plan divin, l'évidence, la splendeur, l'éblouissement de l'infinie bonté ! [1] » Une telle réponse est décisive, et les apologistes les plus habiles et les plus sûrs, Newman par exemple, l'ont faite aux doutes anxieux que provoque la vue des douleurs humaines ; mais la piété en suggère une autre aussi, plus décisive encore et plus souveraine, parce qu'elle s'adresse à l'âme tout entière, et non seulement à la raison. « J'ouvre l'Évangile, dit Charles Perraud, et... mes yeux tombent sur une page de la Passion. J'aime ce récit d'une tristesse navrante, et quand j'arrive à ce cri d'angoisse : Mon Dieu, mon Dieu ! pourquoi m'avez-vous abandonné ? il me semble que mes révoltes s'apaisent, et, voyant le Christ partager ma souffrance, je deviens plus calme près de sa croix... » Souvent, aux âmes accablées par la tristesse, à tel confrère de la veille que visitait la sombre tentation du découragement, il avait conseillé la lecture méditée du récit de la Passion ; et que de fois, du haut de la chaire, le vendredi saint,

1. *Méditations sur les sept paroles de Notre Seigneur Jésus-Christ*, quatrième méditation : Le fond de l'abîme.

il reprit le commentaire des sept paroles du
Sauveur mourant ! Dans cette voie sévère, il
avait été précédé par un guide dont le langage
avait parfois, sinon l'éclat, du moins la pointe
acérée du glaive : le P. Pététot ; mais, si précieux qu'eussent été pour lui les exemples et
les leçons d'un tel maître, pour bien parler des
souffrances du Christ, l'abbé Perraud n'avait
qu'à relire l'Evangile, et à écouter son propre
cœur. Les années s'étaient succédé ; de nombreux auditeurs désireux de retrouver et d'ap-
profondir l'enseignement qui les avait instruits
et émus, demandèrent à l'orateur de le fixer
par écrit. L'entreprise était difficile. « Entre
tant de développements donnés à un même
texte, il fallait choisir ; c'est-à-dire d'abord
éliminer, puis coordonner les uns avec les autres, comme s'ils avaient jailli d'une inspiration unique, des fragments de dates diverses
qui n'avaient pas été originairement destinés
à former un même tout [1]. »

Néanmoins, Charles Perraud se mit à l'œuvre, et, au prix d'un travail pénible, ramenant
à l'unité des rédactions diverses, il donna le
meilleur de ses ouvrages, celui qui nous le
garde tout entier, miséricordieux aux détresses

1. *Mgr l'évêque d'Autun*, Introduction aux *Méditations
sur les sept paroles*, p. II, III.

humaines, et leur offrant les efficaces consolations qui descendent du Calvaire.

Parmi les écrivains dignes de ce nom, il en est peu qui n'aient marqué plus fortement de leur empreinte une de leurs œuvres ; à ceux qui sauront ou qui croiront y discerner davantage le génie et l'âme de l'écrivain, cette œuvre apparaîtra comme l'œuvre maîtresse. Je me hâte d'ajouter que la grosseur du volume et le nombre des pages ne font rien à l'affaire. Quelle est l'œuvre par excellence de Bossuet ? A cette question, Berryer sans doute eût répondu : les *Oraisons funèbres* ; M. Lebarcq opinerait pour les *Sermons*, dont il publie une édition définitive ; M. Brunetière nommerait l'*Histoire des variations*. Quant à moi, dès longtemps, mon choix est fait ; je me prononce pour les *Méditations sur l'Évangile*, pour les *Élévations sur les mystères* ; et bien qu'admirateur passionné des *Variations*, « livre unique[1] », Silvestre de Sacy m'eût donné raison, lui qui a tant loué l'enthousiasme sublime que respirent les *Élévations*, et l'accent de pénétrante sévérité, de « tristesse évangélique », pour parler comme La Bruyère[2], dont vibrent les *Méditations*. J'ajou-

1. *Variétés littéraires, morales et historiques.* I. Bossuet, *Oraisons funèbres.*
2. *De la chaire.*

terai que ces œuvres d'une vieillesse forte et re-
cueillie ont cet autre avantage d'avoir été
écrites plus loin du public et plus près des
âmes. Si nous passons au dix-neuvième siècle,
J. de Maistre a dit des *Soirées de Saint-Pétersbourg* qu'il y avait *versé sa tête*[1] ; et en effet, la
postérité y a bien reconnu la marque d'un
esprit original et puissant, et les éclats d'une
rare éloquence. De bons juges ont vu dans les
Sources l'ouvrage le plus indiscutable et le plus
parfait du P. Gratry. L'œuvre durable d'Henri
Perreyve, celle dont ni les années ni les réim-
pressions n'épuisent le succès, pas plus qu'elles
n'épuisent, hélas ! le fond intarissable des souffrances humaines, c'est la *Journée des malades*,
dont le P. Gratry a pu dire : « Ce livre a presque
la sobriété, la simplicité et le poids des livres
immortels[2]. » Tout en laissant Bossuet dans sa
gloire, et sans égaler Charles Perraud à Joseph
de Maistre, au P. Gratry, ni même, comme écrivain, à Henri Perreyve, j'avancerai sans crainte
que le dernier de ses ouvrages en est aussi le
meilleur. Comme dans l'Évangile[3], l'abbé Perraud a réservé pour la dernière heure le vin le
plus exquis.

1. Lettre à M. Deplace (de Lyon).
2. *Henri Perreyve*, chap. iv : *Ministère*, ii.
3. Joan., ii, 10.

Et maintenant, essayerai-je de résumer son livre, ou bien en détacherai-je, comme autant de diamants inestimables, les plus beaux passages ? La pensée inspiratrice de cet ouvrage, c'est un perpétuel rapprochement entre les souffrances et l'agonie du Sauveur, et les souffrances et l'agonie des hommes ; sans cesse, l'auteur contemple et adore les souffrances de Jésus, et revient à ces souffrances humaines que les souffrances de l'Homme-Dieu tempèrent, sanctifient et fécondent.

« Nous lisons dans l'Ancien Testament, dit Charles Perraud, que lorsque David chantait devant Saül, en s'accompagnant de sa harpe, la sombre mélancolie du roi s'apaisait, et que les mélodies de l'artiste inspiré chassaient de son cerveau malade les mystérieuses épouvantes et les lugubres hallucinations.

« C'est ainsi que le Sauveur des hommes, pour endormir leurs douleurs, pour adoucir leur agonie et pour charmer leur mort, a fait de ses dernières paroles une mélodie céleste à laquelle rien ici-bas ne saurait être comparé. Par je ne sais quelle prédestination singulière, par je ne sais quel dessein secret, il se trouve que du haut de la croix sept paroles seulement ont retenti, comme il n'y a que sept notes en musique. Or, c'est la gamme musicale, si brève dans son immensité, dont les inépuisables combinaisons ont servi depuis le commencement, et serviront jusqu'à la fin des temps à composer toutes les harmonies inventées par le génie humain.

« Dans leur richesse infinie ces sept notes ont suffi pour traduire tous nos sentiments, toutes nos aspirations, tous nos rêves, les extases de la religion comme les chants de la victoire, la désolation des jours de deuil aussi bien que le ravissement des jours heureux. Écoutons avec un recueillement profond les sept notes divines, que la voix mourante du Christ a jetées à travers tous les siècles, plus loin que tous les espaces, et qui porteront jusqu'aux dernières profondeurs de l'éternité les vibrations de l'amour infini[1]. »

Charles Perraud se plaît dans cette comparaison empruntée à l'art qu'il aimait entre tous, car, dans la septième Méditation, reprenant l'expressive image qui au début du livre l'avait attiré, il écrit :

« La dernière et très douce parole de Jésus est comme l'accord final qui termine la divine mélodie commencée par la prière du pardon. Dans les grandes œuvres musicales, le thème

1. *Méditations sur les sept paroles.* Préface, p. 15-16.

principal annoncé dès le début, et développé ensuite en des modulations d'une infinie variété, se reproduit à la fin de la symphonie avec un caractère encore plus grandiose. C'est ainsi que la dernière strophe de l'hymne divin destiné par Dieu à bercer notre agonie et à charmer notre mort, ramène le premier mot prononcé par Jésus-Christ dès le début de son crucifiement : Mon Père, pardonnez-leur ! Mon Père, je remets mon âme entre vos mains[1]. »

Entre la première et la dernière parole de Jésus, entre la parole qui recommande à la clémence paternelle des bourreaux plus ignorants que coupables, et celle par laquelle le Fils abandonne aux mains de Dieu sa vie et son âme, d'autres paroles ont été prononcées. Toutes ces paroles, Charles Perraud les recueille et les médite. Sur la promesse faite par le Sauveur au larron pénitent, il a écrit des pages toutes pleines d'une pitié qui ne désespérait de personne, et qui plaçait volontiers, aux approches de l'agonie et aux premières lueurs de l'éternité, la rencontre du repentir de l'homme et du pardon divin. Les paroles de Jésus à Marie et à Jean lui ont inspiré d'autres pages, où sa surnaturelle et filiale piété envers la sainte Vierge

1. *Méditations sur les sept paroles*, septième méditation : « L'abandon filial entre les mains divines. »

s'attendrit, si je l'ose dire, des ressouvenirs du foyer et de l'enfance. La critique a relevé dans la quatrième Méditation (*le Fond de l'abîme*) quelques inexactitudes de langage ; ce qu'elle y a reconnu aussi, ce qui y éclate, c'est l'accent d'une charité ardente pour le Sauveur, et d'une commisération profonde pour tant d'âmes en proie aux tristesses du délaissement.

Les méditations qui suivent (*La soif des âmes,* — *Le chef-d'œuvre de Dieu et le chef-d'œuvre de l'homme,* — *L'abandon filial entre les mains divines*) ne sont pas d'une moins pénétrante beauté. De la dernière de toutes, je veux détacher une virile et chrétienne recommandation.

Bossuet, après avoir retracé à l'aide des anciens Sacramentaires les soins dont l'Église entourait les fidèles et les catéchumènes mourants, écrit ces fortes paroles : « Si l'on pratiquait à présent auprès d'un malade une petite partie des observances que nous avons vues, on s'écrierait qu'on l'étourdit et qu'on lui avance ses jours.

Mais alors on n'avait pas ces faibles égards. L'Église, par ses prières et par le pieux travail qu'elle ressentait pour les mourants, inculquait à eux et aux spectateurs l'importance de ce terrible passage, et le soin qu'on devait avoir de s'y préparer[1]..... » C'est « l'importance de ce terrible passage », c'est « le soin qu'on doit avoir de s'y préparer », que Charles Perraud veut inculquer dans sa dernière méditation. Il savait, hélas ! quelle inintelligente et cruelle pitié arrête trop souvent à la porte du malade le prêtre et les secours divins, et, pour épargner au mourant l'importune mais nécessaire pensée de sa fin prochaine, l'expose à tomber à l'improviste et comme à la renverse dans l'éternité. Lui-même n'avait été admis qu'après une longue attente, et presque à la dernière minute, auprès d'un homme célèbre qui, contre toute prévision, parut plus content qu'effrayé de cette visite.

« Chrétiens, disait Charles Perraud, soyons fiers, intelligents et nobles ; disposons tout d'avance, présidons nous-mêmes à l'ordonnance de ce voyage émouvant, de cette excursion d'où l'on ne revient plus.....

« Mais que dire alors du crime de ceux qui cachent à leurs amis et à leurs proches la première et la principale de toutes les vérités qu'il importe à l'homme de connaître ?...

« ... De grâce, ô vous qui prétendez l'aimer, n'empêchez pas cet homme de mourir en homme, et ce chrétien de mourir en chrétien.

1. *La tradition défendue sur la matière de la communion sous une espèce*, part. II, chap. xxvii.

Par respect pour la grandeur de l'âme humaine, laissez cette âme accepter et accomplir elle-même son suprême holocauste !

« Par pitié pour ce frère, auquel vous ne pouvez rien donner, pour lequel vous ne pouvez plus rien faire, ne lui enlevez pas l'occasion du plus grand et peut-être du seul de ses mérites.

« Ne lui retirez pas cette dernière lueur, cette dernière minute, ce dernier acte de repentir, cette dernière prière, ce dernier mouvement d'amour qui peut réparer les erreurs et les iniquités de toute sa vie, ce dernier cri vers Dieu, qui, à lui seul, est capable de le sauver ! ! »

La conclusion pratique de cette dernière méditation était facile à tirer ; et c'est par ce charitable et solennel avertissement que Charles Perraud a mis fin à tous ses discours :

« Lorsqu'une maladie dangereuse nous constituera le devoir sacré de regarder la mort en face, ne nous montrons pas inquiets, faibles et décontenancés, comme si la mort devait nous précipiter dans l'insondable et incompréhensible néant. Ne cherchons pas à nous aveugler nous-mêmes dans une ignorance fatale, mais au contraire supplions ceux qui nous assistent et le médecin qui nous soigne, de nous dire toute

---

1. Septième méditation (*L'abandon filial entre les mains divines*).

la vérité. Ayons l'énergie de leur en faire un devoir sacré de conscience, et, au lieu de dire en tremblant : Suis-je perdu et faut-il mourir ? parlons en chrétiens, et disons : Vais-je monter au ciel ? Est-il temps de recommander, de confier, de rendre mon âme à Dieu?

« Au lieu de dire : Tout est fini, disons, comme j'ai eu la joie d'entendre une faible enfant, mais une forte chrétienne, dire au moment de rendre son âme à Dieu : Oh ! non, rien ne finit pour moi, mais tout va commencer ! Je vais donc entrer dans la vie, car ici-bas ce n'est pas la vie, c'est la mort[1] ! »

IX

Ce que Charles Perraud avait enseigné aux autres, il allait l'accomplir lui-même ; il allait couronner d'éloquentes leçons par un exemple encore plus persuasif. Il avait constaté son « entrée officielle dans la vieillesse » ; mais qui donc eût dit à ceux qui l'aimaient que cette vieillesse dût sitôt finir ? Je n'oserais avancer qu'il eût le pressentiment de sa mort prochaine ; toutefois, comme tant d'hommes qui arrivent à la vieillesse, « traînant après eux la longue

1. Septième méditation,

chaîne de leurs espérances trompées », il éprou-
vait le dégoût et la lassitude de la vie présente.
Charles Perraud n'eût pas voulu la recommencer ; il la prolongeait d'un cœur attristé
mais ferme, comme le laboureur qui creuse son
sillon jusqu'à la fin du jour. J'ai dit qu'il avait
promis à la paroisse de la Trinité la station
quadragésimale de 1892 ; mais il se demandait
avec inquiétude s'il pourrait mener à bonne fin
ou même entreprendre une tâche si lourde et si
longue. Outre la préparation du carême qu'il ne
devait pas prêcher, une autre œuvre occupait
sa pensée et son temps : c'était, en quelque
sorte, un *traité du ciel*, qu'il eût tiré tout entier
des expressions par lesquelles Notre-Seigneur
nous a décrit les félicités futures. Ce livre, qui
n'a été ébauché qu'à peine, aurait été intitulé :
Paroles de la vie éternelle.

Et maintenant que nous touchons aux dernières semaines, aux derniers jours de Charles
Perraud, me sera-t-il permis de reproduire les
notes que j'écrivis alors, en complétant mes
souvenirs par ceux des autres témoins de ces
jours suprêmes ?

En novembre 1891, un service dont je fus pro-
visoirement chargé dans une communauté religieuse de la rue de Sèvres, me rapprocha de
l'abbé Perraud, qui habitait l'avenue Duquesne.

Dieu nous ménageait ainsi la douceur de suprêmes rencontres, aux approches d'une séparation que nous ne prévoyions pas.

Le 8 décembre, — après avoir célébré avec mes confrères de la rue d'Orsel la fête de l'Immaculée Conception, — j'étais rentré à la rue de Sèvres ; le soir était venu, lorsque je reçus dans ma petite chambre la visite de Charles Perraud. En l'apercevant, en entendant cette voix que je connaissais si bien, j'eusse pu dire, comme Philoctète à Néoptolème, dans Sophocle : « O langage chéri ! oh ! qu'il m'est doux... d'entendre la voix d'un homme tel que vous ! » Dans notre entretien, nous abordâmes certains sujets intimes sur lesquels nous étions d'accord ; nous abordâmes aussi des sujets d'ordre général. Dirai-je qu'en politique, le dégoût de ce qui était (et qui est encore), le souvenir attristé des aspirations généreuses bien que divergentes de notre jeunesse, nous avaient rapprochés, presque réunis ? « Mon cher ami, disais-je à Charles Perraud, vous et moi nous sommes des gens du passé, voire d'ancien régime : je suis royaliste comme Chateaubriand, et vous êtes républicain comme Lamartine. »

Charles Perraud m'invita à déjeuner pour le lundi 14 décembre. C'est ce jour-là que, pour la dernière fois, je m'assis à sa table. Nous étions seuls. Après le déjeuner, nous passâmes au salon, tout plein des souvenirs que j'avais vus autrefois dans la modeste chambre de la rue du Regard[1], et nous évoquâmes le passé. Les constantes préoccupations de Charles Perraud se retrouvèrent aussi dans cet entretien auquel, à distance, ma mémoire prête la solennité et, si je l'ose dire, la douceur navrante de ce qui va finir. L'âme de Charles Perraud, non moins chaste que tendre, et si tendre parce qu'elle était chaste, s'indignait des audaces de la presse *pornographique* (le mot est ancien peut-être, mais il n'a passé que depuis quelques années dans le langage courant); elle s'en indignait particulièrement à cause des périls où ces licences entraînent la jeunesse, et des obstacles qu'elles apportent à la restauration de la France. Un récent article du *Gil Blas* illustré lui inspirait surtout une juste et généreuse colère. Ce qui préoccupait autant et plus encore l'abbé Perraud, c'étaient et le devoir qui s'impose au prêtre de ramener les âmes à la foi, et les difficultés que le prêtre rencontre dans l'accomplissement de ce devoir. Au moment presque de nous séparer pour toujours, Charles Perraud

1. La main pieuse de Mgr Perraud a rassemblé tous ces souvenirs dans une salle de l'évêché d'Autun.

et moi, mûris, éclairés, *attendris* même par la vie qui n'endurcit que les âmes déjà sèches, nous reprenions les entretiens d'autrefois, tout pleins, comme ils l'étaient trente ans plus tôt, d'une immense pitié pour la détresse des âmes, et d'une confiance invincible en la miséricorde divine. Charles Perraud voulut bien relire avec moi ces pages de ma *Station de carême*, où, m'inspirant d'une des admirables lettres de Fénelon sur la religion[1], j'indique les *moyens d'arriver à la foi*[2].

Nous nous quittâmes. Aux premiers jours de l'année nouvelle, Charles Perraud fut atteint d'une pneumonie qui effraya tous ses amis et découragea bientôt leurs espérances. Le 10 janvier, l'évêque d'Autun arrivait auprès de son frère qu'il ne devait plus quitter. M. l'abbé Planus aussi accourait précipitamment de Cannes, pour assister son évêque dans cette suprême station à un lit de mort; pour être en quelque sorte, auprès des deux frères, l'ange de Gethsémani.

Le 13 janvier, jour où il accomplissait sa soixante et unième année, nonobstant un mieux illusoire et passager, Charles Perraud voulut recevoir de la main de son frère les derniers

---

1. Lettre VI, *Sur la religion*.
2. *Une station de carême*, cinquième conférence, p. 133 et suiv.

sacrements; à partir de ce jour, il communia plus d'une fois encore.

Quelques amis de choix se succédaient dans la chambre ou dans le salon du malade; d'autres venaient, chaque jour ou même plusieurs fois le jour, demander de ses nouvelles. Charles Perraud les reçut tous, et leur fit ses adieux à tous, exécutant ainsi le programme qu'il semblait avoir tracé dans la dernière de ses *Méditations sur les sept paroles* :

« N'attendez pas, pour dire adieu à ceux que vous laissez, et pour saluer ceux qui là-haut vous attendent, que votre pauvre corps se débatte dans les dernières convulsions et dans les étreintes suprêmes de l'agonie. N'attendez pas que toute force vous abandonne, et que votre corps épuisé entraîne avec lui votre esprit dans un irrésistible et insurmontable sommeil. Au contraire, ceux qui se voient mourir devraient toujours rompre les premiers ce douloureux, ce lugubre, ce définitif silence, qui, trop souvent, entoure et assombrit l'heure que l'éternelle lumière devrait éclairer déjà.

« N'est-ce pas à celui qui est le plus élevé en dignité qu'appartient l'honneur de prendre le premier la parole?

« N'est-ce pas au supérieur à donner ses instructions à ceux qui sont au-dessous de lui?

« Or, quelle que soit l'inégalité des conditions et la différence même des âges, dans la chambre d'un mourant, c'est lui qui occupe la première place........

« Ceux qui meurent à l'exemple de Jésus-Christ ne trouvent-ils pas, pour consoler, pour exhorter ceux qu'ils abandonnent, des accents d'une pénétration, d'une puissance, parfois même d'une majesté qui étonne et subjugue ?

« C'est qu'alors, arrivée au seuil de l'éternité, l'âme qui « voit Dieu de l'autre côté de la mort », n'aperçoit plus la terre avec ses joies et ses douleurs que comme un point imperceptible. Elle n'entend plus les rumeurs de la foule, ni les bruits des conversations ou des affaires humaines ; elle ne prête son attention qu'aux mystérieux et pressants appels de l'époux qui s'approche, et qui l'invite à s'asseoir avec lui à l'éternel festin [1]. »

Charles Perraud m'adressa, dans la matinée du dimanche 17 janvier, ses adieux et ses recommandations suprêmes. « Je crois, me dit-il d'une voix haletante, que je ne réchapperai pas. Malgré mes péchés, je meurs avec une invincible confiance dans la miséricorde de Dieu. On croit souvent les hommes meilleurs qu'ils ne

1. Septième méditation (*L'abandon filial entre les mains divines*), p. 211-213.

sont, et on ne prie pas pour eux. Il y a bien longtemps que nous nous aimons. Vous prierez pour moi; et, de mon côté, si Dieu, comme je l'espère, me fait miséricorde, je prierai pour vous. Je vais vous bénir, et, avec vous, le P. Lescœur et tout l'Oratoire. » Il me bénit; je baisai ses mains et son front, et je me retirai.

Le lundi 18 janvier, je revins à l'avenue Duquesne, vers cinq heures du soir. Je fus reçu par l'évêque d'Autun, qui me dit : « Il faut prier pour que les délais soient abrégés. L'angoisse le prend.... » Je revis Charles Perraud, dont je serrai et baisai la main, et qui me bénit en silence.

C'est à M. l'abbé Planus qu'il faut laisser raconter le dernier jour, les dernières heures de notre commun ami. « L'approche du dénouement se faisait visiblement sentir, » a écrit le véridique témoin de cette agonie. « Vers midi, la respiration courte, saccadée, bruyante, ressemblait à un commencement de râle. Une accalmie se produisit encore. Le mourant se lassait d'être ainsi ramené en arrière quand il avait cru toucher le terme. Il se lassait, mais il ne perdait rien.... ni de la lucidité de son esprit, ni de la fermeté de son courage. On peut dire que jusqu'à la fin,....

il s'est possédé tout entier. » Jusqu'à la fin, il bénissait « les intimes. Oui, sans doute, mais aussi les petits, les humbles, toujours les pauvres.... sa vieille servante, un jeune enfant du voisinage qui lui avait rendu des services, le concierge de la maison : *Evangelizare pauperibus misit me.* »

Quand il fut évident que la fin approchait, après avoir récité les prières liturgiques de la *recommandation de l'âme*, l'évêque, debout auprès du mourant, lut à haute voix ces invocations inspirées jadis à une jeune Anglaise par la filiale attente de son Juge, et que bien des chrétiens ont dites à d'autres chevets d'agonie : « O bon Jésus, je me présente devant vous avec un cœur brisé de douleur et comme réduit en cendres. Je vous recommande ma dernière heure et ce qui doit suivre.

« Quand mes yeux troublés et obscurcis des approches de la mort, porteront leurs regards tristes vers vous, miséricordieux Jésus, ayez pitié de moi ! Quand mes lèvres froides, livides et tremblantes prononceront pour la dernière fois votre adorable nom, miséricordieux Jésus, ayez pitié de moi !

« Quand mes joues pâles et enfoncées inspireront aux assistants la compassion, miséricordieux Jésus, ayez pitié de moi !

9.

« Quand mes cheveux, trempés des sueurs de l'agonie, sembleront s'élever sur ma tête et m'annoncer ma destruction prochaine, miséricordieux Jésus, ayez pitié de moi !

« Quand mes oreilles, prêtes à se fermer pour toujours aux discours des hommes, trembleront d'entendre à tout moment votre voix prête à prononcer l'arrêt qui doit fixer mon sort pour l'éternité, miséricordieux Jésus, ayez pitié de moi !

« Quand mes parents et mes amis assemblés autour de moi s'attendriront sur mon état et vous invoqueront pour moi, miséricordieux Jésus, ayez pitié de moi !

« Quand je verserai les dernières larmes, afin que ces larmes sanctifiées par la pénitence me fassent expirer comme une victime de cette vertu, miséricordieux Jésus, ayez pitié de moi !

« Quand les derniers soupirs de mon cœur, avant-coureurs de la mort, presseront mon âme de sortir de mon corps, acceptez-les, comme une sainte impatience d'aller à vous et de vous obéir ; miséricordieux Jésus, ayez pitié de moi !

« Quand mon âme, sur le bord de mes lèvres, sortira pour jamais de ce monde et laissera mon corps pâle, glacé et sans vie, acceptez la destruction de mon être, comme un hommage que je veux rendre à votre Majesté; miséricordieux Jésus, ayez pitié de moi !

« Enfin, quand mon âme paraîtra devant vous seul, et qu'elle verra pour la première fois l'éclat de votre sainteté, ne la rejetez pas de devant votre face adorable; miséricordieux Jésus, ayez pitié de moi. »

« Le malade, a écrit M. l'abbé Planus, attentif à ne rien perdre de ces paroles parce qu'il les avait lui-même murmurées à des mourants, n'ayant plus la force de répondre : Miséricordieux Jésus, ayez pitié de moi ! à chaque invocation nouvelle, se contentait d'approcher ses lèvres de son crucifix et de le baiser. »

L'évêque suggérait à son frère des pensées et des aspirations pieuses dont il empruntait la formule à l'Écriture. Au dernier moment il lui redit cet appel de saint Jean dans l'Apocalypse : *Veni, Domine Jesu*[1], cri suprême par lequel s'achève le livre des révélations divines, et par lequel doit finir toute vie chrétienne.

L'évêque dit encore au mourant (je cite M. Planus) : « Mon cher enfant, notre mère t'a mis au monde pour la vie présente, et moi, je ne te quitterai pas avant de t'avoir déposé sur le seuil de la vie éternelle.

---

1. « Venez, Seigneur Jésus. » (Apoc., XXII, 20.)

« Et le malade pencha la tête. On entendit deux ou trois souffles plus lents, plus faibles, et ce fut fini. *Inclinato capite emisit spiritum.* »

X

Charles Perraud avait demandé des funérailles pauvres. « J'exprime la volonté, avait-il écrit dans son testament, de n'avoir à mon service funèbre que ce qu'on fait pour une petite Sœur des pauvres. Mon légataire universel et exécuteur testamentaire remettra à M. le curé de la paroisse, pour ses pauvres, la somme équivalente à celle d'un service de classe supérieure. J'interdis de la manière la plus formelle qu'on apporte des fleurs et des couronnes, soit sur mon lit mortuaire, soit à l'église. »

Ces suprêmes volontés furent obéies, et Charles Perraud, qui avait tant aimé et servi les pauvres, fut traité comme l'un d'eux. A Saint-Pierre du Gros-Caillou, paroisse du défunt, le cercueil, recouvert d'un simple drap noir, reposait sur des tréteaux de bois, entre quatre cierges. Mais la pauvreté de ces obsèques faisait ressortir davantage la qualité de l'assistance. Au premier rang était l'évêque d'Autun, conduisant le deuil et contenant sa douleur, comme Augustin avait contenu la

sienne aux funérailles de Monique [1]. Auprès de
lui, avec Mgr l'évêque d'Adrumète, Mgr d'Hulst,
M. Caron, vicaire général de Paris, MM. Planus et Gauthey, grands vicaires d'Autun, des
curés de Paris, des religieux, on remarquait le
maréchal de Mac-Mahon, qui, dix-huit ans plus
tôt, avait assisté, à Saint-Sulpice, au sacre de
Mgr Perraud; le duc de Broglie, M. Camille
Rousset, M. Sully-Prudhomme, le comte d'Haus-
sonville, le vicomte de Vogüé, de l'Académie
française; M. Henri Wallon, secrétaire perpétuel de l'Académie des inscriptions et belles-
lettres, et l'un des maîtres de Mgr Perraud;
M. Georges Picot, de l'Académie des sciences
morales et politiques; M. Auguste Nisard, si
proche alors du terme que sa raison et sa foi
envisageaient sans terreur [2]; M. Henri Schnei-
der, M. de la Marzelle, allié du défunt; M. le
sénateur Adrien Hébrard, dont la famille, en

1. Cum ecce corpus elatum est, imus, redimus sine lacry-
mis. (*Confession*, lib. IX, cap. XII.)

2. A cette rencontre, qui devait être la dernière, M. Auguste Nisard me parlait de sa vieillesse plus qu'octogé-
naire, non pas avec résignation, mais avec une sérénité
toute souriante. Le chrétien regardait en avant, non en arrière. « Je ne voudrais pas redevenir enfant, » me disait-il,
citant un mot de Cicéron : *Nolim repuerascere*. Chez ce
lettré si passionnément épris des anciens, tout sentiment
vrai revêtait comme spontanément la forme d'une réminiscence classique.

1883, avait entouré des soins les plus dévoués l'abbé Perraud, atteint d'une soudaine et grave maladie. A ces funérailles, assistaient aussi « beaucoup d'hommes et de femmes du monde, beaucoup de jeunes gens, les habitués des églises de Saint-Roch ou de Sainte-Clotilde, ceux et celles qui, depuis dix ans, avaient trouvé dans la parole de leur prêcheur aimé la lumière, la consolation, la force, la paix[1]. » Durant la messe, des chants funèbres furent exécutés par les enfants de cet hospice de la rue Lecourbe, pour lequel Charles Perraud ne s'était point lassé de quêter.

Quand la messe eut été dite par M. l'abbé Fauvage, curé de Saint-Pierre du Gros-Caillou, et que l'absoute eut été donnée par M. le vicaire général Caron, délégué du cardinal-archevêque de Paris, le cortège se mit en marche pour le cimetière de Montparnasse, où un caveau de famille attendait les restes mortels de Charles Perraud.

Les prières liturgiques furent récitées par M. le curé de Saint-Jacques du Haut-Pas. L'évêque d'Autun pria longtemps devant cette tombe qui lui gardait de si chères dépouilles, et après s'être recueilli devant les tombes du P. Gratry

---

1. *La mort et les funérailles de M. l'abbé Charles Perraud*, p. 19.

et d'Henri Perreyve, il sortit du cimetière. Nous en sortîmes avec lui.

Nous étions tristes, mais une efficace consolation tempérait notre tristesse. Certes, notre ami n'avait pas choisi son heure pour mourir, — qui donc choisit son heure et ordonne à son gré l'acte suprême du drame de sa vie terrestre? — mais il nous semblait que Dieu avait merveilleusement choisi cette heure, et disposé avec un art souverain et miséricordieux tous les détails des derniers jours de Charles Perraud. Il le prenait au seuil de la vieillesse, avant l'âge des délaissements et des impuissances, plein de force et vide d'illusions, également prêt à poursuivre ou à interrompre l'œuvre commencée. Tous les secours qui aident à mourir lui avaient été accordés; et c'était son frère, son aîné dans la vie, son ancien dans le sacerdoce dont il possède la plénitude, qui l'avait armé pour les luttes dernières, et accompagné, guide ferme et attendri, jusqu'aux portes de l'éternité. Rien n'avait manqué à une telle fin de ce qui adoucit, rassérène et sanctifie la mort[1].

1. La presse annonça la mort et les funérailles de l'abbé Perraud; divers articles retracèrent la vie et rappelèrent les œuvres du défunt. J'indiquerai, dans la *Semaine religieuse* de Paris, l'article du 30 janvier 1893; dans la *Semaine religieuse* d'Autun, ceux du 23 et du 30 janvier; dans la *Défense*

Aussi, dominant notre douleur, félicitions-nous tout bas celui qui avait fait dans des conditions si favorables le voyage décisif, et appelions-nous sur notre future agonie toutes les grâces qui ont visité la sienne.

XI

Avant de prendre congé de lui, nous voudrions signaler le trait qui le caractérise. Un seul mot peindra tout entier Charles Perraud : c'est le mot *pitié*. La pitié, chez lui, était continue, était intense, je dirai qu'elle était poignante. J'en suis sûr, il eût fait siens et redit avec enthousiasme ces vers éloquents qu'une voix oratorienne adressait aux élèves d'un petit séminaire :

> Soyez bons, soyez doux à l'humaine détresse ;
> Portez-lui le rayon, portez-lui la caresse

du 20 janvier 1892, un article du P. Paul Lallemand, de l'Oratoire ; et enfin dans le *Temps* du 20 janvier 1892, un entrefilet d'où je détache les lignes suivantes : « Tous ceux qui ont eu l'occasion de connaître ce prêtre courageux, loyal et doux, en qui brûlait l'âme d'un apôtre et battait le cœur d'un enfant, s'associeront au deuil de sa famille et de ses amis. »

Un suprême honneur était réservé à la mémoire de Charles Perraud. S. S. le Pape Léon XIII a daigné dire au P. Thédenat, de l'Oratoire, la part qu'il prenait au deuil de l'évêque d'Autun.

Si chers à qui toujours peut-être en fut sevré ...

. . . .

. . . .

Et si vous en trouvez d'aigris par l'infortune,
Au point que la bonté leur paraisse importune,
Qu'ils repoussent vos soins avec votre amitié,
Triomphez de leur haine à force de pitié[1] !

La pitié de Charles Perraud recherchait les souffrances physiques des hommes; pour les soulager, l'humble prêtre retrancha souvent de son nécessaire. Un jour du froid et pluvieux été de 1860, il rencontre un soldat malade qui s'en retournait au pays natal. Le P. Charles l'installe en voiture, à ses côtés, lui donne une des couvertures de son lit, et le conduit lui-même à la gare. Quelqu'un, à qui, tout ému encore, je racontais cet acte de charité dont j'avais été témoin, se rappela avec raison la parabole du *bon Samaritain*.

Ce n'était pas seulement la vue, c'était la pensée, c'était la prévision des souffrances d'un de ses semblables, même d'un inconnu, qui causait à Charles Perraud des tristesses et des angoisses. Mais ces tristesses, mais ces angoisses venaient surtout du péril des âmes, et

1. Discours du R. P. Jeanne, professeur de rhétorique, à la distribution des prix du petit séminaire de Saint-Lô, le 25 juillet 1893.

provoquaient en lui de longs et douloureux frémissements. Que de fois, promenant des regards attristés et attendris sur les multitudes
menacées ou opprimées par le péché, il a répété
la divine parole : *Misereor super turbam*[1] !
D'ailleurs, à toutes les questions anxieuses que
soulevait en lui le spectacle des faciles triomphes du mal, il opposa toujours la calme et décisive affirmation de la bonté du Père qui est dans
les cieux. Il savait qu'au jour des révélations définitives, lorsque Dieu jugera et qu'il consentira
à se laisser juger[2], la bonté divine recevra une
justification éclatante et éternelle. Charles Perraud a vécu dans cette foi et dans cette attente.
Ni l'une ni l'autre ne seront déçues ; et, nous
l'espérons, témoin joyeux d'une miséricorde qui
s'est exercée sur lui comme sur tant d'autres,
il redit aujourd'hui, il redira sans cesse le cantique de la reconnaissance et de l'amour :
Misericordias Domini in æternum cantabo[3].

---

1. « J'ai pitié de cette foule. » (Marc, VIII, 2.)

2. ... *Et justificeris in sermonibus tuis, et vincas cum judicaris.* (Ps. L, 6.) Saint Jérôme traduit : *judicaberis.* Dans l'hébreu, le sens du verbe est actif.

2. Je chanterai éternellement les miséricordes du Seigneur. » (Ps. LXXXVIII, 1.)

FIN

PARIS

IMPRIMERIE D. DUMOULIN ET Cᵉ

5, rue des Grands-Augustins, 5

www.ingramcontent.com/pod-product-compliance
Lightning Source LLC
LaVergne TN
LVHW012009180726
843502LV00005B/1613